英語でレッスン!
外国人に教える和食の基本

秋山 亜裕子
Ayuko Akiyama

Teaching Japanese Cooking in English

IBCパブリッシング

まえがき

　親元を離れ、単身イギリスに渡った16歳。イギリス北部のダーリントンという片田舎で私の長いホームステイ生活は始まりました。まだまだ英語力に乏しく、言葉の壁ゆえ孤独になりがちな私を温かく迎え入れてくれたWalton家では、自家農園で育てた野菜や新鮮な食材を使い、みんなでわいわいと料理を作り、温かな食卓を囲むのが週末の恒例行事でした。私も時には、現地で調達できる材料を使って和食を振る舞うこともあり、食を通して人に喜んでもらえることの楽しさを知りました。言葉が通じなくとも、ともに料理を作り、ともにテーブルを囲む喜びをはじめて実感した瞬間です。この体験が、今も私の活動の原点にあると信じています。

　現在、私の教室では、年間千人を超える外国人の生徒さんに和食を伝えています。彼らの言葉や文化、和食に対する反応はじつにさまざまで、こちらも学ぶことが多い日々です。本書の執筆にあたっては、レシピのみに焦点を当てるのではなく、実際のレッスンの経験をもとに、料理の知識や教室運営の工夫、おもてなしのコツなどをちりばめました。

　この本が読者にとって和食を通した人と人、日本と世界をつなぐ活動の一助になれば光栄です。

　　　　　　　　　Buddha Bellies Cooking School 代表　秋山亜裕子

もくじ

- まえがき 2
- Buddha Bellies Cooking Schoolについて 5
- 和食の調味料 8
- だしレッスン 12

すしレッスン 15
- すし飯　　SUSHI RICE 18
- にぎりずし　　NIGIRI SUSHI 22
- レッスンで人気のすしだねリスト　　LIST OF SUSHI TOPPINGS 26
- 巻きずし　　ROLLED SUSHI 28
- 飾り巻きずし　　DECORATIVE ROLLED SUSHI 30
  - ✤ 四海巻き　　FOUR SEAS STYLE ROLLED SUSHI 31
  - ✤ 三つ巴巻き　　THREE-WAY ROLLED SUSHI 32
- ちらしずし　　SCATTERED TOPPING SUSHI 34

和食レッスン 37
- 玉子焼き　　ROLLED EGG OMELET 40
- 胡麻味噌和え　　VEGETABLES WITH SESAME MISO SAUCE 42
- 照り焼きチキン　　GLAZED GRILLED CHICKEN 44
- れんこんつくね　　RENKON AND CHICKEN PATTY 46
- 野菜の肉巻き　　MEAT ROLLED VEGETABLES 48
- 鶏の梅肉和え　　CHICKEN DRESSED WITH PICKLED PLUMS 50
- しょうが焼き　　GINGER GRILLED PORK 52
- 肉じゃが　　BRAISED MEAT AND POTATOES 54
- 豆腐料理　　TOFU RECIPES 56
  - ✤ 揚げ出し豆腐　　DEEP FRIED TOFU 57
  - ✤ 白和え　　VEGETABLES WITH TOFU 58
  - ✤ ベジタリアン餃子　　VEGETARIAN GYOZA 60
  - ✤ 豆腐と野菜の甘酢あん　　TOFU AND VEGETABLES IN SWEET AND SOUR SAUCE 62
- 鮭のゆず味噌焼き　　YUZU MISO GRILLED SALMON 64
- 天ぷら　　TEMPURA 66
- 煮びたし　　DASHI BLANCHED VEGETABLES 70
- とんかつ　　PORK CUTLET 72

からあげ　JAPANESE FRIED CHICKEN	74
味噌汁　MISO SOUP	76
♣豆腐とわかめの味噌汁　TOFU & WAKAME MISO SOUP	77
♣きのこの味噌汁　MUSHROOM MISO SOUP	77

弁当レッスン ... 79

おにぎり弁当　RICE BALL LUNCH BOX	82
三色そぼろ弁当　TRI-COLORED MINCE BENTO	84

万能たれ2種　SPECIAL RECOMMENDED SAUCE RECIPES ... 86

うどんレッスン ... 89

温かいうどん　HOT UDON	94
♣肉うどん　PORK UDON	95
♣きざみきつねうどん　KIZAMI-KITSUNE UDON	95
冷たいうどん　COLD UDON	96
♣ざるうどん　CHILLED UDON	97
♣サラダうどん　SALAD UDON	97

コラム　レッスンに使える、ちょっとしたフレーズ❶	36
コラム　大切な「食への安心感」	63
コラム　レッスンに使える、ちょっとしたフレーズ❷	78
コラム　心をつなぐ、小さなおみやげ	88

索引 ... 98

本書の使い方

・分量はメートル法、温度は摂氏で表記しています。
・計量は下記の単位を使用しています。
　　小さじ = teaspoon (tsp) = 5 ml
　　大さじ = tablespoon (tbs) = 15 ml
　　カップ = cup = 200 ml
　　＊すべてすりきり
・電子レンジ（microwave）の分数は500Wを基準にしています。
・本書の英文は外国人への説明のサンプルであり、本文の完全な対訳ではありません。

Buddha Bellies Cooking School について

　私がレッスンを始めたころ、外国人向けの料理教室は、東京ではBuddha Bellies Cooking Schoolのほかにはもう1軒があるのみでした。当時は何もかもが手さぐりの状態で、海外からの生徒さんがどんなレッスンを求めているのかを模索する毎日でした。一般的な料理教室スタイルで、講師が下ごしらえをすませてから始まるレッスンがよいのか？ 講師によるデモンストレーションを主体としたレッスンがよいのか？ はたまた調理師学校スタイルで、準備から片付けまですべてを組み込んだレッスンがよいのか？ そこで実際の生徒さんのニーズを拾い上げてみると、日本の塩や砂糖に触ってみたいし、かつお節やみりんの色や香りを実際に感じてみたいというのです。それ以来、生徒一人ひとりが五感を使って日本の食文化を体験したいという希望にこたえるべく、現在は、Hands on lesson（体験・実習型のレッスン）を運営しています。

　レッスンプランづくりの基礎となるのは時間配分。私の生徒さんの多くは観光客です。レッスン前後に予定が入っている方も多いため、時間を厳守する必要があります。レッスンのボリュームは、参加者の集中力や体力を考えると2時間半〜3時間がちょうどよい長さなので、そこから逆算してメニューとレッスンプランを考えるのが最初のステップです。限られた時間の中で、全員が達成感と学びを得られるレッスンを実現するには、国籍や年齢など生徒さんの多様なバックグラウンドを把握し、効率のよいプログラムを作ることがポイントになります。
　現在、私のクラスは日本文化を紹介する英文書に囲まれた10坪ほどのこぢんまりとしたスペースで、定員は8名とし、講師1名、アシスタント1名で運営しています。
　スタートした当初は、生徒が1名だけという日が続くことも珍しくありませんでしたが、少人数ゆえにきめ細かなレッスンが実現でき、リピーターや口コミの獲得へとつながっていきました。とはいえ、評価を確立する

には時間がかかるものです。外国人が街にあふれている東京でも、クラスが連日ほぼ満席の状態になるまでには2年あまりを要しました。最近、もっと大きな教室に移っては？というアドバイスをいただくこともありますが、当分は現在のスタイルを維持するつもりです。生徒の多く、とくに欧米の方はプライベート感のある落ち着いた雰囲気を好みますし、何よりもひとつのテーブルを囲んで、その日に出会った仲間たちと交流を深めるというフレンドリーな雰囲気を大切にしたいと思っています。

　世界中からやってくる生徒さんは、年代や性別はもちろん、調理経験の有無、手先の器用さや作業の速さなど、すべてにおいて異なります。そこでグループレッスンの場合は「だれもが初心者」という視点に立った運営を心がけています。全員が平等に料理にトライするために、作業が一部の生徒にかたよったり、講師のデモンストレーションだけに終始したりしないよう配慮しています。具体的には玉子焼きなど、一人ひとりが最初から最後まで自己完結できるメニュー（個人作業）と、和え物など、全員で分担して作るメニュー（共同作業）をバランスよく組み合わせています。
　レッスンのはじめには、その日に扱う食材についての基礎的な知識を伝え、調味料についてはテイスティングをまじえながら解説します。これによって参加者の嗜好や、思想や信仰による禁忌をさりげなく再確認することができます。調理にあたっては、参加者が自ら食材や調味料を確かめ、計量するところからはじめます。「大さじ1」というと多くの国では山盛りが一般的ですが、日本ではすりきりで計ることを伝えます。些細なことですが、これも異文化を体験してもらうチャンスになるのです。また一部のメニューでは、なるべく海外でも手に入りやすい食材を使い、参加者が帰国後も再現できるよう工夫しています。

　レッスンでは、実にさまざまな質問が飛びかいます。なぜすし飯の仕込みでは団扇（うちわ）であおぐのか？（p. 21参照）、なぜ味噌汁に味噌を入れたあとは沸騰させてはいけないのか？（p. 77参照）、日本のお母さんはどうやってお弁当を作っているのか？（p. 81参照）など、レッスンを重ねるたびに新鮮な質問に出会います。とくに試食タイムでは、それぞれの文化的バックグラウンドから多様な視点や

教室紹介

経験談が披露され、講師にとっても非常に勉強になります。生徒さんからの質問には、簡潔かつていねいに答えることがポイント。どんな質問が出てきそうかを事前にシミュレーションしておくのですが、時には即答できないこともあります。その場合は後日、調べた内容をメールで伝えるようにしています。これは自分自身のスキルアップにもつながります。

これからレッスンをスタートされる方は、緊張感も手伝ってつい構えてしまいがちですが、ぜひ友だちを招くようにリラックスして生徒さんを迎えてください。もてなしの気持ちは、レッスンを通して必ず伝わるはずです。コミュニケーションは英語で行うことが多いと思いますが、"Itadakimasu" や "Kanpai" などの日本語のフレーズを教えるととても喜んでくれます。

このように小さな工夫を積み重ねる中で、世界中、どの国の方にも楽しんでいただける教室をめざしています。

- 生徒の募集は、インターネットを通じてのみ行っています。無料のホームページ作成キットを活用した簡単なものですが、つねに最新の空き状況を確認できるようにしています。

  ウェブサイト：http://buddhabelliestokyo.jimbo.com/

- レッスン料の決済にはPaypalを利用していますが、旅行者は急な予定変更やキャンセルが少なくないので、事前払いが必須です。そのためキャンセルポリシーは予約時に必ず強調して伝えるようにしています。

- 万が一の事故（例えば手を切ったり、急性アレルギーの症状など）に備え、傷害保険の加入についても事前に確認するようにしています。

- 食品衛生管理士の資格は教室を運営する上で必須ではありませんが、食材の扱い方など、衛生安全面について学ぶことをおすすめします。

- 生徒さんにTripAdvisor（旅行口コミサイト）へのレビュー投稿を依頼するなど、メジャーなプラットフォームを活用するのもおすすめです。

和食の調味料
JAPANESE SEASONINGS

酒

食材の臭みを消して風味を加え、やわらかくする作用があります。レッスンでは海外でも入手しやすい料理酒（醸造調味料）を使っています。飲用の清酒もおすすめですが、その場合はやや薄味に仕上がります。＊料理酒には飲用酒と区別するために塩などの添加物が入っています。

Sake

Sake has an important role in Japanese cooking. It reduces odors and adds flavor. It also helps to tenderize ingredients. In this lesson, we will use cooking sake, or ryori-shu (seasoned sake) which is widely distributed overseas. You do not necessarily have to use ryori-shu, but drinking sake often results in a lighter flavored dish.

みりん

食材に甘みを加えたり、つやを出すために使われます。通常のレッスンでは本みりんを使っています。本みりんは蒸したもち米に米麹を混ぜ、焼酎または醸造アルコールを加えて熟成させたものです。

Mirin

Mirin is an alcoholic liquid made of sticky rice malt and fermented seasoning. The texture is thick, but it tastes like sugar and sake. Mirin adds a sweet flavor plus a nice and shiny look to the dish.

砂糖

レッスンでは上白糖を使っています。上白糖は一定の量であれば常温でも水や酢に溶けやすいという利点があります。ただし海外ではほとんど流通していないので、参加者がそれぞれの国で作る場合はグラニュー糖、カスターシュガーなどで代用してもらいます。

Sugar

We have a super fine sugar called johakuto, which dissolves faster into liquids than other sugars under many conditions. If you do not have johakuto in your country, you can substitute it with caster sugar or granulated sugar. If you need help with dissolving granulated sugar, try warming it up.

塩

和食において、塩にはただ塩味をつけるだけでなく、うま味を引き出すという役割があります。レッスンでは日本で一般的な海塩を使っていますが、岩塩しか手に入らない国の方が帰国後に作る場合は、自分で分量を調整する必要があります。

酢

和食全般、とりわけすし飯と相性のよい米酢を使っています。海外での入手も比較的容易ですが、もし手に入りにくい場合はりんご酢でも代用可能です。

醤油

レッスンでは、原料の大豆に小麦と塩を加え、麹の力によって発酵熟成させた本醸造醤油を使っています。本醸造醤油は海外でも生産されており、比較的容易に入手できます。料理の食材の色を活かしたいときなどは薄口醤油を使います。薄口醤油は一般的な濃口醤油よりも塩分が高くなっています。

味噌

味噌は、煮てつぶした大豆に塩を加え、麹の力によって発酵熟成させて作った調味料。味噌汁をはじめさまざまな料理で活躍します。

Salt

In Japanese dishes salt not only makes the dish salty, but also works to bring out the flavor of the ingredients. We use sea salt in Japanese cooking. If you only have rock salt in your country, please alter the amount of salt used.

Vinegar

Rice vinegar is generally used in Japanese dishes, and is especially recommended for use in sushi rice. However, if you do not have rice vinegar, you can substitute it with apple cider vinegar.

Soy sauce

You can find many kinds of soy sauce in Japan. I particularly recommend honjozo-shoyu, a traditional soy sauce made of soybeans, wheat, and salt. It is fermented by a type of mold called koji. While usukuchi (light) soy sauce is less colored, it is saltier than ordinary koikuchi (strong) soy sauce.

Miso

Miso is made of steamed mashed soybeans and salt, which is fermented by a type of mold called koji. Soy sauce is also fermented by koji.

醤油と味噌の起源

和食の風味の決め手になる醤油と味噌の歴史は古く、古代の中国からもたらされた、醤(ひしお)という半固形の発酵食品から生まれました。醤の汁がのちの醤油になり、固形分が味噌になったといわれています。

The origin of soy sauce & miso

The original form of soy sauce was called hishio, which was brought from China during ancient times. Hishio was midway between soy sauce and miso paste.

味噌の多様性

現在、日本には1,300以上の味噌の銘柄があるとされています。日本各地を旅行中にさまざまな味噌に触れた生徒さんは、地域によって色も風味も異なるその多様性に関心を持つようです。味噌は原料のバランスによって、麹が多ければ白く甘く、大豆が多ければ、黒くしっかりした味わいになります。このほかにも原料(米、麦、豆)の違いなど味噌の個性を決める要素はたくさんあります。教室では常時3種類の味噌を用意し、その違いを自らの舌で体験してもらいます。アジアの方は甘味の強い白味噌を、ヨーロッパの方はニュートラルな信州味噌を好む傾向があります。(味噌汁についてはp.76参照)

A variety of miso

There are more than 1,300 different types of miso that can be found in Japan. Each miso has its own unique character depending on its region of origin. The color and taste of the miso depends on the amount of rice, wheat and soybeans in it. (Miso soup: p. 76)

Q. 麹とはなんですか？
What is koji?

A. 麹とは、蒸した米や麦、大豆などの穀物にカビの一種である麹菌を付着させて培養したものです。酒、みりん、味噌、醤油など和食の調味料を支える材料のひとつです。

Koji is a type of mold that has been in Japan for a long time. During fermentation, koji mold powder is put on steamed grains such as rice, wheat, and soybeans. The mold grows, transforming them into koji. This process helps bring many umami flavors to Japanese seasonings.

和食FAQ

調味料の『さしすせそ』

日本料理を支える調味料は、**酒、みりん、砂糖、塩、酢、醤油、味噌**です。昔から日本人は、それぞれの調味料の名の一字をとって「**酒みりん＋さしすせそ**」と、料理に加える順序を言い伝えています。外国人である生徒さんにはこの「さしすせそ」の日本語を詳しく説明することはありませんが、教える側はこの古くからのルールの由来を理解し、ポイントを伝えるとよいでしょう。

・酒やみりんはアルコール分を飛ばすために、最初に入れる。味がまろやかになる。
・砂糖は分子が大きく浸透しにくいため、塩より前に入れる。
・塩は食材の水分を抜き、引き締める効果がある。浸透しやすいので砂糖のあとに。
・醤油と味噌は、風味が飛ばないよう最後に。

英語ではこんなふうに…

There is a basic order of seasoning in Japanese cooking.
1. **Mirin and Sake** 2. **Sugar** 3. **Salt** 4. **Vinegar**
5. **Soy sauce** 6. **Miso**

We season with mirin and/or sake first because the evaporation of the alcohol enhances the umami flavors of the dish. We season with sugar second because it takes more time for ingredients to be penetrated by its larger molecules. We therefore follow up with salt and soy sauce which both have smaller sized molecules. Salt also follows sugar because it tends to remove moisture from the dish—it should be put in at an early stage, but after sugar. Vinegar is next as after the salt has settled; it is easier to measure out the appropriate amount of vinegar. Soy sauce and miso are put in at the very end in order to preserve their flavors.

和食の調味料

だしレッスン
DASHI LESSON

このレッスンでは生徒さんが自分の手でだしをとり、そのうま味を体験してもらうことが最大のねらいです。

　①日本料理の根幹をなすうま味は、甘味、塩味、酸味、苦味につぐ第五の味覚として、海外の料理好きの人たちの間でも"umami"と表現されています。レッスンでもうま味をもたらす食材についてよく聞かれますが、うま味は日本の昆布や味噌などにかぎらず、西洋のチーズやサラミなどにも含まれていることを伝えると納得されます。

　通常のレッスンでは、かつお削り節と昆布でだしをとります。まずは材料の説明から。最初に花がつおを手渡し、香りや手触り、食感、味を体験してもらいます。「キャットフードみたいなにおいがする」とか「食べたことある！」など、生徒さんたちはわいわい言いながら盛り上がります。

　花がつおのテイスティングが終わったら、今度は削る前のかつお節（枯れ節）を手渡して、同じように香りや感触を味わってもらいます。実物を手にとると多くの人はその固さに「まるで木のようだ」と驚きますので、②「世界一固い食べ物」としてギネスブックに登録されていることを紹介します。そして固さの理由は、燻蒸とカビつけをくりかえしながら水分を抜いてゆく独特の製法にあるを説明します。とくに、タンパク質を分解してうま味成分を作り出すカビの効能については、ブルーチーズなどを引き合いに出すとわかりやすいようです。

英語ではこんなふうに…

① There are five tastes known to man. Sweetness, sourness, saltiness, bitterness and "umami". You can taste umami not only in Japanese foods like kombu (kelp) and miso but also in cheeses and salamis.

② The Guinness Book of Records lists the katsuobushi (dried bonito flakes) block as the world's hardest food. The processes of fumigation and aging removes moisture from the block. The mold breaks down protein to bring out the umami flavor. It can be compared to the process which blue cheeses undergo.

③ There are 45 kinds of kombu in Japan, but 95% of them are from Hokkaido. Kombu will have different characteristics depending on the area it is from. Hidaka kombu is the most popular for home-use as a dashi and edible kombu. Rishiri kombu is highly

次に昆布です。海藻は日本料理には欠かせない食材ですが、seaweedとひとくくりにし、昆布、わかめ、のりの区別がつかない生徒さんもいます。そこで百聞は一見にしかず、それぞれの実物を用意して、手に取りながら違いを説明します。③昆布については、北海道の地図を示しながら、だしにも食用にも適している日高、香り高く澄んだだしがとれる利尻、濃厚なだしが特徴の羅臼など、産地ごとの特徴を説明します。なお、乾燥した昆布とは別に30分ほど水に浸しておいたものも用意しておき、その大きさの違いを見てもらいます。昆布もかつお節と同じく、乾燥させることによりうま味が凝縮されていることを視覚的に理解してもらうことができます。

　さて、いよいよだしをとるステップに入りますが、重要なポイントは3つです。日本人にとっては半ば常識かもしれませんが、それぞれの理由をきちんと解説することによって、生徒さんたちの興味や熱意を引き出すことができます。

④　1. 昆布は沸騰直前に取り出す → ぬめりが出て風味が損なわれるから
　　2. 火を止めてから、かつお削り節を加える → 約80℃がかつお節のうま味が出る適温 + だしを濁らせないため
　　3. かつお削り節を入れたら絶対にかき混ぜない → かき混ぜると濁ってしまい、雑味が出る

　だしができあがったら、まずはそのままの味を試してもらいます。しかし調味料ゼロの状態なので、味気ないと感じる人が多いようです。次に塩と醤油を加え、塩分によってうま味が大きく引き出される瞬間を楽しんでもらいます。その劇的な変化にほとんどの生徒さんは驚きますし、とくにヨーロッパからの方は、まるで何時間も煮込んだコンソメスープのようなうま味を感じると絶賛してくれます。

---

flavored and is often used in high-end Japanese cuisine. Rausu kombu is rich and is often used in snacks and tsukudani (preservable food boiled down with soy sauce).

④　1. Remove the kombu from the pot before the water boils. If it is left in for too long, slime will emerge and the taste will be lost.
　　2. Add katsuobushi after stopping the heat. 80°C is the ideal temperature to bring out the umami flavor in katsuobushi, and to ensure that the soup stock does not become muddy.
　　3. Do not stir once katsuobushi are inside. If stirred, the soup stock will become muddy, and it will have a rough taste.

だしのとり方

- 材料（5カップ分）

水	5カップ（1,000 ml）
昆布	10 cm x 10 cm
かつお削り節	15 g

1. 昆布を固くしぼったふきんで拭き、分量の水を入れた鍋に入れる（30分以上）。
2. 弱火にかけ、沸騰する前に（表面にぶつぶつと細かい泡がついてきたら）昆布を取り出す。
3. 強火でいったん沸騰させて火を止める。かつお削り節を入れ、3分後に取り出す。この時に決してまぜないこと。

〈ベジタリアン向け〉

水	5カップ（1,000 ml）
干ししいたけ	5個
昆布	10 cm x 10 cm

1. 干ししいたけと昆布を30分以上水につけて完成。

How to make dashi

- Ingredients (for 5 cups of dashi)

Water	5 cups (1,000 ml)
Kombu (kelp)	10 cm x 10 cm
Katsuobushi (dried bonito flakes)	15 g

1. Wipe a piece of kombu with a damp cloth, then soak it in a pan with 5 cups of water for at least thirty minutes.
2. Heat up the water, but remove the kombu before the water boils. When small bubbles begin appearing around the kelp, remove it from the water.
3. Bring the water to a boil. Turn off the heat and add katsuobushi to the water. Immerse the fish flakes in the water but do not mix or stir them. Leave for 3 minutes then strain them.

<For vegetarians>

Water	5 cups (1,000 ml)
Dried shiitake mushroom	5
Kombu (kelp)	10 cm x 10 cm

1. Soak dried mushrooms in a litre of water for at least 30 minutes.

和食 FAQ

Q. だしをとったあとの昆布やかつお節は捨ててしまうの？
When you make the dashi, do you throw away the remaining kombu and the dried bonito flakes?

A. だしがらは味付けし、佃煮やふりかけとして再利用できます。余っただしも冷凍保存すれば、別の料理に使うことができます。
You can season the kombu and dry bonito flakes and reuse them as rice seasoning. If you freeze and preserve the leftover dashi, it can be useful for many kinds of dishes.

Q. 昆布の浸水時間は？
How long should the kombu be submerged?

A. ひと晩でもOKです。夜寝る前に水に浸して、翌朝の味噌汁に使うこともあります。昆布は時間をかけるほどうま味を引き出しやすくなります。
One full night is ok. Often, the kombu is soaked in water before one goes to sleep, and is used the next morning for miso soup. The longer the kombu is soaked, the easier it is to bring out the umami flavor.

すしレッスン

すしレッスン
SUSHI LESSON

和食＝すしと言ってよいほど、外国人は日本に来たら一度はすしを楽しんでいるようです。じつは外国人の中には、日本人は毎日すしを食べていると信じている人も少なくありません。私のクッキングスクールでも約7割の生徒さんが、すしレッスンを申し込みます。最近は、日本人でもすしを家庭で作る機会は少なくなっているようです。しかし外国人にとっては、日本の食材や調味料に触れながら、自分だけのすしを作ることは、とても貴重な体験になるでしょう。

「すしの語源は？」これは生徒さんからよく聞かれる質問です。

①語源については諸説ありますが、レッスンではシンプルに「すっぱい」を意味する「酸し」から来ていることを伝えます。次いで、すしがどのように生まれたか、その歴史を紹介します。

②すしの原型は、千年以上前に東南アジアからもたらされた、いわゆる熟鮨だと言われています。魚を保存するために米と一緒に土に埋めておいたところ、発酵して酸味のあるすしになったというわけです。それから数世紀をへて、江戸時代には酢を使って酸味をつけたすし飯が発明され、にぎりずしや巻きずしが生まれました。当時の歓楽街浅草、日本橋、両国などでは立ち食いのすし店が大繁盛していたそうです。

> 英語ではこんなふうに…

① The word "sushi" used to mean "sour" in old Japanese. *There are several theories behind the origins of the word "sushi".

② More than 1,000 years ago, sushi was accidently created in Southeast Asia. Our ancestors tried to preserve the fish with cooked rice. This caused fermentation, which produced a sour taste. This was the origin of sushi. During the 17th century, people began to use rice seasoned with vinegar for sushi. Sushi was a street food, and people often snacked on nigiri-zushi and maki-zushi on bustling streets in Edo (Tokyo).

③さらに時代は下って20世紀半ばには、魚の保存技術と流通の発達により全国にすし店が急増しました。そして現在はチェーンの回転ずしから高級店まで、さまざまな形で人々に親しまれていることを伝えます。

にぎりずし、巻きずし、押しずし、いなりずし…日本に来た外国人の多くはすしのバリエーションの豊かさにとても驚きます。

④レッスンではまず日本の東西ですし文化が異なり、関東では江戸前のにぎりずし、関西では木箱を使った押しずしが親しまれていることを説明します。

⑤さらに、ちらしずしや手巻きずしなど、手軽にできる家庭でのすしの楽しみ方についても紹介します。にぎりずし、押しずしなどは外食やテイクアウトが中心であることを伝えましょう。

③ The number of sushi restaurants increased rapidly throughout Japan in the middle of 20th century. This is because of the development of transport systems and technologies for preserving fresh fish. Nowadays, there are a large variety of restaurants enjoying sushi, all the way from kaiten-zushi (sushi train) chain stores to high-end restaurants with Michelin stars.

④ We have many different kinds of sushi. The most popular sushi is the nigiri-zushi or an edomae-zushi. Nigiri means "hand-pressed" or "grabbed". Edomae means the seafood from Tokyo bay. Osaka and Kyoto have their own classic style of sushi called oshi-zushi, which means "pressed" sushi. A special wooden box with a lid is used to make the sushi rectangular.

⑤ Japanese people normally make temaki-zushi (hand-rolled sushi) and chirashi-zushi (scattered sushi) at home. These are more casually made and easier to enjoy with a lot of people at the same time. As you can guess nigiri-zushi and oshi-zushi need a lot of works to make at home, they are considered to be more "dining out" dishes.

© Utagawa Hiroshige / Visipix.com

すし飯

Sushi meshi

SUSHI RICE

すしレッスンでは、生徒一人ひとりがすし飯づくりにトライします。世界の中でも日本米の粘りは独特のもの。生徒の中には、何か粘り気のある素材を入れているのかと聞いてくる人もいます。実際に炊きたてのごはんに自分ですし酢を混ぜてみれば疑問も氷解。すしへの理解がより深まります。

❶ ごはんを炊く

- **材料**

米	2合（約320 g）
水	約350 ml（米に対し水は1.1倍）

1. 米をよくとぎ、ざるにあげる。鍋に米と水を入れ、30〜60分水につける。
2. 中火で火にかける。沸騰したら火を弱め、鍋の中の水分がなくなるまで約10分炊く。最後の10秒間だけ火力を上げて火を止める。ふたをとらずに10分蒸らす。

Cook rice

- **Ingredients**

Rice	320 g
Water	350 ml

1. Start by washing the rice thoroughly until the water becomes clear. Strain the water with the sifter. In a pot, put the water to cook and let the rice soak for 30 to 60 minutes before cooking. This will allow the grains to absorb the moisture and begin to swell.
2. Put the pot on the stove, and start to cook it on a medium-high heat. Upon boiling, turn down the heat to low. Cook for 10 minutes until the water in the pan disappears. Lastly, turn the heat to high, and cook for ten seconds. Turn off the heat, and leave to cool for 10 minutes with the lid on.

▶▶レッスンポイント

❶ 白米は海外ではSushi Riceとして販売されているのをよく目にします。日本では生産地によって、さまざまなブランドがあるので、外国人の中にはすし専用の米があると誤解している人も少なくありません。食用の米は基本的に1種類であることを伝えます。海外で販売されている米は乾燥していることが多いので、ごはんを炊く際には水加減を調整し、十分に浸水させます。

❷ アジア地域では電気炊飯器が普及していますが、どの地域の生徒も自分の国で作れるように、レッスンでは鍋で炊く方法を紹介します。また残ったごはんの保存方法は、ラップをかけて冷凍し、電子レンジで解凍するのがベストであることも伝えます。

❷ すし酢を作る

- **材料**（ごはん640 gに対して）

米酢	50 ml
砂糖	大さじ2
塩	小さじ1

1. すべての材料を合わせ、砂糖と塩が完全に溶けるまでよくまぜる。

＊砂糖が上白糖ではない場合は電子レンジなどで少し温めると溶けやすくなる。

Make sushi vinegar

- **Ingredients** (for the 640 g of cooked rice)

Rice vinegar	50 ml
Sugar	2 tbs
Salt	1 tsp

1. Put all the ingredients in a bowl and stir well until the salt and sugar dissolve into the vinegar. *If you use granulated sugar, try warming it up for dissolving.

❸ すし飯を作る

＊約700 gのすし飯ができます（にぎりずし約35個分、または巻きずし約8本分）。

1. 炊きたてのごはんをすし桶に移す。
2. すし酢をすべて入れ、右から左へ、奥から手前へと、ごはんを切るように混ぜる（3～5分）。混ぜている間は、もう1人が団扇であおいで冷ます（ごはんとすし酢がよくなじみ、人肌になるまで）。

> ▶▶レッスンポイント
>
> 多くの生徒さんは、なぜかごはんをしゃもじでペタペタと叩いて平らにしようとします。ごはんは固めず、かき回さず、ほぐすように混ぜるイメージを伝えます。

Make sushi rice

*You can make about 700 g of sushi rice (for 35 pieces of nigiri or 8 sushi rolles)

*The rice must be hot enough so that it can absorb the vinegar sauce.

1. Using a rice paddle, spoon the rice into a sushi bucket or bowl. Spread it out evenly.
2. Add the sushi vinegar at a time by pouring onto the rice paddle. Start mixing the rice as if slicing, never mashing or mixing too much. At the same time, ask someone to fan the rice to cool it down. It should take 3 to 5 minutes to mix in the sushi vinegar thoroughly and bring the rice to the human body temperature.

Q. なぜごはんに砂糖を入れるの？
Why do you put so much sugar in rice?

A. 本来、すし飯は保存食です。砂糖を入れることによって米を乾燥から防ぎ、やわらかく保つことができます。また米酢には雑菌の増殖を防いで鮮度を保つ作用があります。

Sushi is a preserved food. You may think that the sweet and sour taste of sushi rice is important for its flavor, but actually the reason is for it's preservation. The sour vinegar keeps the bacteria away, while the sweet sugar stops the rice from drying out.

Q. 混ぜるときになぜ団扇であおぐの？
Why do we need to fan for the rice?

A. ごはんをあおぐのは、冷ますことだけが目的ではありません。じつは日本人の美的感覚に則ったものなのです。温度を急激に下げるとすし酢に含まれた砂糖が結晶化し、米につやが出ます。江戸の昔、庶民にとって白米は高価でぜいたくなものでしたので、お米は白く輝いているほど美しいと感じるのです。

Fanning helps to cool down the rice. It also crystallizes the sugar. This helps the rice to look shiny. In Edo period the white rice was very expensive and a delicacy. Japanese people hold that "the whiter the rice is, the better the quality".

和食 FAQ

日本の調理道具

団扇
団扇は夏に涼を取るだけでなく、料理道具としても活躍することを伝えます。

すし桶
すし飯はボウルでも作れますが、木製のすし桶には、すし飯の水分をほどよく調節してくれる利点があります。

しゃもじ
プラスチックしゃもじの表面にあるくっつき防止の凹凸については、必ずと言っていいほど質問されます。

英語ではこんなふうに…

Uchiwa, a traditional Japanese fan is made of paper and wooden or bamboo sticks. We often use this as a cooking tool.

Sushioke is a traditional wooden tub for rice paddling. It helps to regulate the moisture in the rice. This moisture level controls the softness of the rice.

Shamoji, a rice paddle can be made of wood or plastic. The plastic rice paddles are covered with bumps in order to prevent rice from sticking to its surface.

にぎりずし

Nigiri-zushi

NIGIRI SUSHI

　ほとんどの外国人が「にぎり」という日本語は知っているものの、その意味までは理解されていません。"hand pressed" もしくは "grabbed" であると説明します。

　初めてでも上手にすし飯をにぎれるように、ラップと使い捨てのビニール手袋を活用するのが成功の秘訣です。すしを食べるときの作法も大事なレッスンのひとつ。生徒さんたちの質問に答えながら詳しく説明します。

英語では こんなふうに… Many of you have probably tried nigiri-zushi in the past. Nigiri refers to "hand-pressed" or "grabbed" sushi. It will be very difficult for us to make nigiri-zushi the same way that professional sushi chefs do. Therefore, we will use an alternate way, supported by cling film and disposable gloves!

- 材料（1人前8個分）

すし飯　　　　　　150 g 〜 160 g
すしだねはリスト (p. 26) 参照

- **Ingredients** (for 8 nigiri-zushi)

Sushi rice　　　　150 g–160 g
For sushi toppings, see p. 26

*はかりは1人1台ずつ用意する

1. すし飯を食べやすい大きさ（約20 g）に計り、ひとつずつラップする。

   Measure out the rice (about 20 g) for each nigiri. Wrap each portion with cling film.

2. 左手の指の付け根あたりにすし飯をのせる（❶）。

   Put the rice on your left hand.

3. 右手の人差し指、中指、親指で「J」の字を作り、左手のすし飯を長方形に整える（❷）。左の手のひらを少しくぼませ、右手はそっとおさえる程度にする（❸）。

   With your right hand, make a "J" shape with your middle finger, pointing finger and thumb. Pat the rice with the J shape and make the rice rectangular. It will become easier if you cup the rice with the fingers of your left hand then pat the rice from above very gently with the pointing and middle fingers of your right hand.

4. できあがったすし飯は乾燥を防ぐためにラップに包む。手順2〜4をくりかえし8個作る。

   To prevent drying, wrap the piece of sushi rice in cling film until it is to be used. Repeat steps 2–4 for each nigiri.

▶▶レッスンポイント

すし飯をにぎりながらすしだねをのせる職人の素早い技は、初心者にはとても真似できません。レッスンでは、まずすし飯を一口大の長方形にし、ひとつずつラップで包みます。その後ですしだねを取り出し、順ににぎっていきます。8個をにぎる場合、完成まで20分以上はかかりますので、すし飯の乾燥を防ぐためにラップは欠かせません。すしだねも同様に、作業の進捗に合わせて配るようにしています。

にぎりずし

5. 左手の指先にすしだねを置く(④)。すしだねの中央を親指で少しくぼませ、そこにわさびをのせる(⑤)。握っておいたすし飯をすしだねの上にのせ(⑥)、うらがえす。

Unwrap one nigiri. Put the sushi topping on your left hand. Make a grove for wasabi in the fish. Put the wasabi into the grove. Use your right hand to put the sushi rice onto the topping in your left hand.

6. 握りやすい位置にすしを動かし、横、上と順番に右手で軽く押さえて形を整える(⑦)。
手順5～6をくりかえし8個作る。

Use the right hand to shape the sushi. Repeat steps 5–6 for each nigiri.

▶▶盛り付けアドバイス

にぎりずしの盛り付けは、右側を下げて斜めに盛る「流し盛り」が一般的です。食べる順番に応じて手前に白身などの淡白なもの、奥に行くほど味の濃厚なものへと移り、最後に玉子などが置かれます。大葉や笹の葉などを飾るとより色合いが美しくなります。また、ガリと呼ばれるしょうがの甘酢漬けを添えてもよいでしょう。これは口直しのためだけでなく、殺菌や消化を助ける作用があることを伝えます。

食事の作法

にぎりずしは、手でつまむのが昔からの習慣ですが、お箸を使ってもかまいません。ポイントは、醤油をつけすぎないことです。レッスンでは、醤油を小皿いっぱいに注いでしまう生徒さんも少なくありません。すし飯がくずれないように、にぎりは横に倒し、すしだねを醤油につけるようアドバイスします。醤油にわさびをとくのもNGです。

> 英語では
> こんなふうに…

Although sushi is traditionally a finger food, we may use fingers or chopsticks to eat it. Mixing the wasabi into the soy sauce is considered bad manners. First, knock the nigiri to one side, then take it up with your fingers (or with your chopsticks). Dab the fish side down into the soy sauce.

レッスンで人気のすしだねリスト
LIST OF SUSHI TOPPINGS

名称	Topping	おすすめの季節 In season during...		メモ
たい	Sea bream	春	Spring	
あじ	Horse mackerel	夏	Summer	
あなご	Conger	夏	Summer	
いわし	Sardine	夏	Summer	
うなぎ	Eel	夏	Summer	
うに	Sea urchin	夏	Summer	
かつお	Bonito	夏	Summer	
ゆでムール貝	Boiled mussel	夏	Summer	海外でも入手可能 Available overseas
イクラ	Salmon roe	秋	Autumn	
さんま	Saury	秋	Autumn	
ひらめ	Flounder	秋	Autumn	
ほたて	Scallop	秋	Autumn	ゆでたものは海外でも入手可能 Available overseas (boiled)
甘えび	Sweet shrimp	冬	Winter	
かに	Crab	冬	Winter	
さば	Mackerel	冬	Winter	
ぶり	Yellowtail	冬	Winter	
いか	Squid	通年	All season	ゆでたものは海外でも入手可能 Available overseas (boiled)
えび	Shrimp	通年	All season	ゆでたものは海外でも入手可能 Available overseas (boiled)
かにかま	Crab stick ham	通年	All season	海外でも入手可能 Available overseas
さけ	Salmon	通年	All season	
スモークサーモン	Smoked salmon	通年	All season	海外でも入手可能 Available overseas
たこ	Octopus	通年	All season	ゆでたものは海外でも入手可能 Available overseas (boiled)
玉子焼き	Rolled egg omelet	通年	All season	
生ハム	Uncured ham	通年	All season	
まぐろ	Tuna	通年	All season	
蒸し鶏	Steamed chicken	通年	All season	
ローストビーフ	Roast beef	通年	All season	

ベジタリアン向け For vegetarians

名称	Topping	おすすめの季節 In season during...	メモ
みょうが	Myoga (Japanese ginger)	夏　Summer	
アボカド	Avocado	通年　All season	
おぼろ昆布	Shredded kombu	通年　All season	
かいわれ	Daikon sprouts	通年　All season	
かんぴょう	Kanpyo (dried gourd)	通年　All season	
きのこのうま煮	Braised mushroom	通年　All season	作り方は下記参照
たくあん	Pickled daikon radish	通年　All season	
トマトの胡麻油マリネ	Marinated tomato with sesame oil	通年　All season	作り方は下記参照
練り梅	Shredded umeboshi	通年　All season	
ゆかり	Shiso seasoning	通年　All season	

ベジタリアン向けすしだね 人気の2品

きのこのうま煮
BRAISED MUSHROOM

鍋に酒ときのこを入れ、さっと蒸し煮する。
醤油とみりん少々で味をつける。

Put sake and mushrooms in a pan to braise, then add soy sauce and a bit of mirin.

トマトの胡麻油マリネ
MARINATED TOMATO WITH SESAME OIL

ミニトマトを半分に切り、塩と胡麻油でマリネする。
Cut a small tomato into 2 pieces then marinate with salt and sesame oil.

巻きずし

Maki-zushi

ROLLED SUSHI

　海外でも売られている巻きずしは、外国人にとってはとても身近な存在のようです。「カリフォルニア巻き」などはとくに有名ですね。手軽に買うことができるので、最近は日本人でも巻きずしを家庭で作ることは少ないかもしれません。しかし、うまく巻くコツをわかりやすくデモンストレーションをすれば、初心者でも上手に巻くことができ、その仕上がりに歓声が上がります。通常のレッスンでは、にぎりずしと巻きずしの2種類に挑戦しています。

> **英語ではこんなふうに…**

You are probably all familiar to the popular "rolled" or maki-zushi. Traditional rolled sushi has black seaweed on the outside and the rice and toppings on the inside. In your countries, another type of rolled sushi: the "California roll" may be more popular. This has seaweed on the inside and the rice on the outside. You can make maki-zushi precisely using the makisu (bamboo mat) if you follow each step carefully.

・材料

すし飯	80 g
玉子焼き (p. 40参照)	1本 (10 cm)
きゅうり (まっすぐなもの)	1本 (10 cm)
かにかまぼこ	1本 (10 cm)
のり (半帖)	1枚

＊具材はすべて棒状に切っておく。

• Ingredients

Sushi rice	80 g
Rolled egg (see p. 40)	1 stick (10 cm)
Cucumber (straight)	1 stick (10 cm)
Crab stick ham	1 stick (10 cm)
Nori (cut in half)	1 sheet

1. のりの表 (光沢のある面) を下にして、巻き簀の上に置き、約80 gのすし飯を広げる。のりの上部3〜4 cmにはすし飯を置かない (❶)。

    Set the nori shiny side down on the sushi mat. Spread 80 g of sushi rice onto the nori. At the top of the nori measure out a 3–4 cm strip to be left bare.

2. すし飯の手前から3〜4 cmのスペースを空けて、3つの具を積み重ねる。

    Set three ingredients on the sushi rice 3–4 cm away from the bottom of the nori.

3. 手前から巻き簀ごと持ち上げ、具に覆いかぶせるようにして、手前ののりを奥のすし飯の端にくっつける (❷)。力を入れ過ぎないように巻き簀をしめる。

    Lift up the sushi mat together with the sushi, and stick the bottom of the nori to where the rice ends.

4. のりの上部にごはん粒をいくつかのせて、巻き終える。

    Next continue rolling to the end of the nori. Use some sticky rice grains to help seal the roll.

5. 包丁を水で濡らしながら4つに切る。

    Cut into 4 pieces with a knife. Wet the knife after every use so the rice does not stick to it.

>> レッスンポイント

和食は色合いをとても大切にします。黒、白、赤、黄、青(緑)は和食の五色と言われています。巻きずしも、のりの黒、すし飯の白のほかに、三色を使うと美しく仕上がります。
赤：かにかま、まぐろ、まぐろのたたき、サーモンなど
黄：玉子焼き、たくあんなど
青(緑)：大葉、きゅうり、青ねぎ、アボカドなど

飾り巻きずし

Kazarimaki-zushi

DECORATIVE ROLLED SUSHI

　見て楽しく、食べておいしい飾り巻きずしは、人気のメニューのひとつです。一見むずかしく感じるかもしれませんが、順を追って作ってゆけば、美しい飾り巻きずしが完成します。レッスンでは、日本の伝統的な文様だけでなく、富士山、動物の顔、花などのユニークなデザインもリクエストを受けます。ここでは2種類の伝統的な飾り巻きずしを紹介します。

英語ではこんなふうに…

You are probably all new to decorative rolled sushi. We have decorative rolled sushi for special occasions such as celebrations, festivals, special seasonal events, etc. We roll not only traditional patterns but also unique designs featuring Mt. Fuji, animal faces or flowers. Although it takes more time to make than normal rolled sushi, it is worth the effort. When you cut open the roll to reveal your beautiful design, it will be hard not to smile!

四海巻き *Shikai-maki*
FOUR SEAS STYLE ROLLED SUSHI

　四海は日本の四方に広がる海、すしの四隅の筋は海の波を表します。世の中が末永く平穏であることを祈る縁起のよい文様です。お祭りやお祝いごとに喜ばれます。

- **材料**（1人前）

すし飯	70 g
きゅうり（まっすぐなもの）	1本（10 cm）
玉子焼き（p. 40参照）	1本（10 cm）
（またはサーモン、まぐろ、かにかまなど）	
のり（半帖）	2枚

- **Ingredients** (serves 1)

Sushi rice	70 g
Cucumber	1 stick (10 cm)
Rolled egg (see p. 40)	1 stick (10 cm)
(salmon stick, tuna stick, crab stick ham, etc.)	
Nori (cut in half)	2 sheets

1. きゅうりの巻きずしを作る。作り方は巻きずし（p. 28）参照。

   Make a cucumber rolled sushi (see p. 28).

2. できあがったきゅうり巻きを縦に4等分する（❶）。

   Use a knife and cut the roll into 4 quarters.

3. のりを用意し、2のきゅうり巻きを、切り口を外側にして2つ置く。中央のくぼみに玉子焼きを置き（❷）、その上に残りの2つのきゅうり巻きを切り口を外側にして置き、四角形に整える（❸）。

   Set all the pieces on another nori. Make sure the rolled egg is in the middle of the roll. Roll up all the sushis together.

>> **レッスンポイント**

巻きずしを切るときには、1回切るたびに包丁を水に濡らすと、断面を崩さず、美しく切ることができます。日本人にとってはあたりまえのことですが、ごはんのようにべたつく食材は海外では珍しいので、切り方の工夫も伝えることが肝心です。

三つ巴巻き *Mitsudomoe-maki*
THREE-WAY ROLLED SUSHI

三つ巴は日本古来の文様。寺院、神社、太鼓などにも用いられ、現代でもよく目にします。動物性の素材を使わない三つ巴巻きは、とくにベジタリアンにおすすめです。

• 材料

すし飯（ゆかり）	45 g
すし飯（しその実）	45 g（青のりでも代用可）
すし飯（白）	45 g
のり（半帖）	3枚

• Ingredients

Yukari rice (sushi rice and yukari)	45 g
Aonori rice (sushi rice and aonori-green laver)	45 g
Sushi rice	45 g
Nori (cut in half)	3 sheets

1. 3色のごはんをそれぞれ涙形に巻く。

   Roll the pink, green and white rice into three separate teardrop shapes using a sushi mat.

2. 巻き簀を使い、それぞれをペイズリー形に整える（❶）。

   Transform the teardrop shaped pieces of sushi into a paisley motif shape using a sushi mat.

3. 巻き簀を使い、ペイズリー形の3本を三つ巴の形に組み立てる。ペイズリーの形をきれいに3本そろえて整えると、仕上がりがより美しくなる（❷）。

   Combine three rolls together to make the mitsudomoe shape.

4. 濡らした包丁で4等分する。

   Cut into 4 pieces with a knife. Wet the knife after every use so the rice does not stick to it.

> 和食 FAQ

Q. 伝統的なすし店で気をつけることは？
What is the etiquette at formal sushi restaurants?

A. 最近は外国人客が増えているので、とくに気負うことはありませんが、すしは新鮮さが命です。出されたすしはすぐにいただきましょう。また、すしの繊細な風味を楽しむため、香水のつけすぎには注意してください。

If you are visiting a high-end counter style sushi restaurant, eat the fresh sushi as soon as it is presented before it gets dry. As it is important to enjoy the fragrance of fresh sushi, do not wear strong scents to the restaurant. This may upset the chefs and the other customers.

Q. なぜわさびは、すし飯とたねの間に入れるの？
Why is wasabi put between the rice and the topping?

A. わさびには、味付けだけではなく殺菌の効果もあります。冷蔵庫のない時代にすしの傷みを防ぐため、すし飯とたねの間に入れるようになったのです。

Wasabi has an effect as a preservative as well as a seasoning. Wasabi between the rice and the topping keeps the sushi from going bad.

Q. なぜすしだねにあらかじめ醤油をぬって出される場合があるの？
Why do some chefs put soy sauce on the sushi beforehand?

A. 客が醤油をつけすぎて味をこわしてしまわないように、たねの種類によっては、職人が醤油を刷毛でぬって出すことがあります。一部の高級店ではポピュラーになりつつあるスタイルです。

Some chefs do not want the customer putting too much soy sauce on the sushi, as it ruins the taste. They may control the saltiness by brushing soy sauce onto the sushi in advance. This serving style is becoming more popular at high-end sushi restaurants.

日本の調理道具

巻き簀

巻き簀は日本特有の調理道具です。巻きずしだけでなく、ほうれん草などの野菜の水気を絞ったり、玉子焼きの形を整えたりするときにも使います。すしレッスンでは、巻き簀をおみやげに渡すと大変喜ばれます。

> 英語ではこんなふうに…

Makisu (sushi mat) is a sheet of long, thin pieces of bamboo tied together. It is not only used for rolled sushi, it is also used to squeeze spinach or to shape a rolled egg.

ちらしずし

Chirashi-zushi

SCATTERED TOPPING SUSHI

　すし飯の上に具材をちらすことから、「ちらし」は英語で"scatter"と訳し、レッスンでは"scattered toppings sushi"と説明します。関東ではすし飯の上に生のすしだねをちらしたもの、関西では調理した具材をすし飯に混ぜる「ばらちらし」が一般的です。ここでは、パーティーやピクニックにも最適な、ばらちらしの作り方を紹介します。　＊写真はいくらをトッピングした例。

英語ではこんなふうに…
Chirashi-zushi is a popular sushi that is easy to cook at home and can be eaten quickly. Chirashi means "to scatter". In Eastern Japan we scatter sushi toppings—mainly raw seafood—on rice. In Western Japan we have bara-chirashi which is cooked ingredients mixed with sushi rice. Bara-chirashi looks very pretty, and is highly recommended for picnics and parties.

• 材料（2人前）
すし飯（p. 20）　　700 g

[A]
油揚げ　　　　2枚（湯通しして千切りにする）
にんじん　　　100g（皮をむき千切りにする）
干ししいたけ　2枚（水でもどし千切りにする）

[B]
だし　　　　　200 ml
砂糖　　　　　大さじ1 1/2
薄口醤油　　　大さじ3

[C]
玉子焼き（p. 40参照）　1/2本
　　　　　　　　　（サイコロに切る）
さやえんどう　　60 g
　　　　　　　（筋をとり、塩湯に通して千切り）
お好みで山椒の葉（季節によってはゆずの皮）、刻みのりなど

1. [B]をすべて鍋に入れ沸かし、[A]を加えて中火で2～3分煮て火を止める。あまり煮すぎないこと。人肌に冷めたらざるに上げて汁気を切る。
2. 1を人肌に冷ましたすし飯に混ぜる。
3. 2をすし桶や重箱などの器に詰め、上に[C]をまんべんなくちらす。

▶▶レッスンポイント

❶ パーティーなどでは、スモークサーモンやうなぎの蒲焼の細切り、いくらなどをトッピングすると豪華になります。とくに海外でも入手しやすいスモークサーモンはおすすめの具材です。

❷ 具材は煮すぎると食感が失われてしまいます。また、味がよくしみこむよう、しばらく冷ますことが大切です。

❸ もし食べ残した場合は、ラップをかけて常温で保存します。冷蔵庫に入れるとすし飯が固くなってしまいます。

• **Ingredients** (serves 2)
Sushi rice (see p. 20)　　700 g

[A]
Abura-age (fried tofu)　2 (cut into fine strips)
Carrots　　100 g (peel and cut into fine strips)
Dried shiittake mushroom　2
　(rehydrate, squeeze and cut into fine strips)

[B]
Dashi　　　　　　　　200 ml
Sugar　　　　　　　　1 1/2 tbs
Usukuchi soy sauce　　3 tbs

[C]
Rolled egg (see p. 40)　1/2 piece
　　　　　　　　　　　(cut into small cubes)
Snow peas　　60 g (cut into fine strips)
Sansho (Japanese pepper leaves)　optional
Zest of yuzu　　　　　optional
Shredded nori　　　　optional

1. In a pot, put all the ingredients of [B]. Add the ingredients of [A] and cook with medium heat for a few minutes. Do not overcook. Strain the liquid and the ingredients to set aside separately.
2. Mix sushi rice and the ingredients while the rice is slightly warm.
3. In a sushioke (sushi bucket), jubako (lacquer box) or big plate, serve sushi of 2 and decorate all the ingredients of [C] evenly on the top.

▶▶盛り付けアドバイス

のりや、生もののトッピングは食べる直前にちらします。器は、パーティーなどではすし桶に、また外に持ち出すときには重箱などに詰めるといっそう日本らしさが出て、海外の方には大変喜ばれます。

ちらしずし

> コラム

レッスンに使える、ちょっとしたフレーズ ❶

私のクラスに集まってくる生徒さんは、国籍も年齢もさまざまです。でも、レッスンが始まってしまえば、同じ土俵に立つ仲間。料理の上手下手にかかわらず、一緒に楽しく時間を過ごせるようおもてなしします。そんなときに役立つ、ちょっとした英語のフレーズをご紹介します。

> 生徒さんを迎えるときに

It is very nice to meet you!
(はじめまして)

Today is a perfect day to enjoy cooking inside!
(今日は屋内で料理を楽しむのにぴったりな日ね)
　＊悪天候の日、暑さ寒さの厳しい日に

Please feel free to use the bathroom.
(お手洗いはご自由にお使いくださいね)

> レッスンの始まり〜レッスン中に

I will introduce myself first.
(まず自己紹介させてください)

Could you introduce yourself briefly?
(簡単に自己紹介していただけますか)

Japanese cooking is very simple, so you can easily do it by yourself!
(日本食はシンプルですから、ご自分で簡単に作れますよ)

No pressure! It's your first challenge.
(緊張しないで。まずはやってみましょう)
　＊緊張していたり、料理に慣れていない生徒さんに

No competition!
(他人と比べなくてもいいんですよ)
　＊自分一人で仕上げる料理を不安を感じている生徒さんや、包丁やお箸があまり上手に使えない生徒さんに冗談まじりで伝えると場が和みます。

Any questions so far?
(ここまででご質問はありますか)

If you have any questions, please stop me anytime.
(ご質問があれば、いつでも聞いてくださいね)

和食レッスン

和食レッスン
WASHOKU LESSON

和食レッスンに参加される方の多くは旅行者です。ホテルやレストランなどで味わう"よそゆきの"日本料理でなく、日本人のふだんの家庭料理を体験したいと希望されます。じつは、普通の日本人の日々の食事についてはあまり知られていません。中には、日本人は朝からすしを食べると思っていた人も……。それゆえレッスンでは、日本の毎日の食卓に登場する献立を通して、和食文化を紹介しています。

①レッスンでは、まず昔ながらの和食の型である「一汁三菜」について説明します。汁物は味噌汁など、主菜はたんぱく質を含むおかず一品、副菜はビタミンやミネラル、食物繊維を含む野菜、豆、海藻などを使ったおかず二品です。旬の食材を取り入れながら、栄養バランスに気を配って献立を組み立てていることを伝えます。

英語ではこんなふうに…

① "Ichiju-sansai" is a typical Japanese meal which consists of one bowl of soup, rice, and three other dishes which include one main and two side dishes. Washoku uses seasonal ingredients and is very nutritious. Washoku contributes to a balanced diet.

おしなべて、私のクラスの生徒さんたちははっきりとした味、甘辛い味を好みます。とくにアジア地域の方はより甘めの味付けが口に合うようです。多くの日本人がおいしいと感じる繊細なうす味は、日本料理を食べ慣れている方は別として、初めての方はあまり得意でないようです。本書のレシピも、甘辛い味付けのものを多く紹介しています。

　無事に調理が終わり、試食を準備する時には、和食のテーブルセッティングについても、クイズ形式で説明しています。

　②和食のルールでは左下が上位。できあがった料理の中で一番重要なアイテムを左下に置いてみましょうと出題します。ほとんどの生徒が主菜を置きますが、正解はもちろん「ごはん」。日本ではお米が一番大切なものなのです。その右側には汁物、主菜はごはんの対角線上にと伝えます。同様に、箸を置く場所もよいクイズになります。ナイフやフォークなど西洋のカトラリーと異なり、箸は料理の手前に横向きに置きますが、これは神聖な食物と俗なる人間との間の結界を象徴していると解説しています。

② I will now talk about how we typically set the table in Japan. First of all, the most important thing is set on your bottom left. Please guess which dish you think is most important for us Japanese and place it here. The answer is rice. Next, place the Miso soup on the right side of the rice bowl. Sit the main dish diagonally opposite the rice. The side dish belongs above the rice, and the smallest dish should be placed in the open space in the middle of all the dishes. The chopsticks should be set horizontally in front of you. This is because the chopsticks symbolize the boundary between the holy world of food and the world of humans.

ベジタリアン向けの献立

ベジタリアンの方からは、豆腐のレシピをもっと知りたいというリクエストが多い。

主菜：揚げ出し豆腐（もしくは照り焼き豆腐）
副菜：白和え、野菜の甘酢あんかけ
汁物：豆腐とわかめの味噌汁

和食レッスンで一番人気の献立

主菜：照り焼きチキン
副菜：玉子焼き、胡麻和え
汁物：きのこの味噌汁

玉子焼き

Tamagoyaki

ROLLED EGG OMELET

　日本人には見慣れた玉子焼きも、外国人にとってはとても新鮮に映るようです。専用の四角いフライパン、菜箸を巧みに使って調理すること、砂糖を入れることなどは、海外の卵料理にはまず見られないユニークな点です。レッスンでは、一人ひとつずつ自分の玉子焼きにチャレンジしてもらい、達成感を味わえるようにしています。

> 英語では
> こんなふうに…

Tamagoyaki is a classic and beloved Japanese dish. It uses sugar as an ingredient, which is not the norm in most countries. It will be a first for many of you to cook with chopsticks and a rectangular pan, but do not worry. If you follow my instructions, your tamagoyaki will turn out great!

• **材料**（1人前）

卵	2個
砂糖	小さじ1
だし	大さじ2
醤油	少々
塩	ひとつまみ

1. すべての材料をボウルに入れ、よく混ぜる。
2. 卵焼き器に油を引いて中火にかける。余分な油はペーパータオルでふき取る。
3. 卵液1/4を入れてすばやく広げ、奥から手前に向かって巻く。
4. 卵液1/4を足し、巻いた玉子焼きを軸にして巻く。同じ要領でさらに2回繰り返す。

• **Ingredients** (serves 1)

Egg	2
Sugar	1 tsp
Dashi	2 tbs
Soy sauce	2 drops
Salt	a pinch

1. Put all the ingredients in a cup or bowl and beat them well.
2. Put some oil on a square pan. Remove excess oil with a paper towel.
3. Pour a quarter amount of the mixture into the pan. Spread it quickly then roll the egg from the back of the pan towards you.
4. Repeat the same procedure to create layers in the rolled egg.

日本の調理道具

玉子焼き器

玉子焼き専用のコンパクトな四角いフライパンは、外国人にとっては大変興味をそそる調理道具です。レッスンに参加した生徒さんは必ずと言っていいほど、どこで購入できるのかと質問します。なお玉子焼き器がない場合は、小さな丸いフライパンで代用できることも伝えます。

英語ではこんなふうに…

Tamagoyaki-ki is a rectangular pan designed for rolled egg omelet. Most Japanese use tamagoyaki-ki only cooking for eggs but not for other ingredietns. You can easily find it at the stores selling household goods in Japan, but you can cook with a small-round pan instead.

▶▶レッスンポイント

卵を巻きながら焼いていく独特の作り方は、外国人にとっては目からウロコのようです。そこで、まずはデモンストレーションとして手順一通りを見てもらいます。生徒さんは菜箸だけを使って卵を溶き、巻くという調理動作に目を輝かせて反応します。菜箸がうまく扱えない人には、お箸を1本ずつ使って巻く方法を教えます。

玉子焼き

胡麻味噌和え

Gomamiso-ae

VEGETABLES WITH SESAME MISO SAUCE

　精進料理にルーツを持つ胡麻和えは、甘辛くナッツのような風味が海外の方にも人気で、特にベジタリアンに喜ばれます。レッスンではすりたての胡麻の香りを楽しんでもらうため、すり鉢を使って胡麻をする作業にもトライします。胡麻と相性のよい味噌を加えた和え衣はディップソースやドレッシングなどにも応用でき、とても重宝です (p. 86参照)。

> 英語では
> こんなふうに…

In Japan, recipes using sesame have a long history because they are based on temple vegetarian cuisines. Sesame tofu is probably the most famous dish of all. This sesame sauce recipe is unique as it uses miso instead of soy sauce. You can enjoy the richness of miso and the aroma of freshly grounded sesame. We can arrange this sauce in many ways, for example as dipping sauces or salad dressings. (see p. 86)

• 材料（4人前）
ほうれん草　　　　100 g
（いんげん、にんじん、ブロッコリー、アスパラガス、きのこ類などもおすすめ）

[A]
酒	大さじ1（煮切る）
みりん	大さじ1
砂糖	大さじ1
醤油	少々
すり胡麻	大さじ2
味噌	大さじ1〜2（味噌の塩分による）

1. 湯をわかして塩（分量外）を加え、ほうれん草を約1分半ゆでる。
2. 冷水にさらし、水気をしぼる。
3. 食べやすいサイズに切る。
4. ボウルに[A]の材料をすべて入れ、よく混ぜる。
5. 食べる直前に、ほうれん草と和え衣を合わせる。

• **Ingredients** (serves 4)
Spinach　　　　100 g
*Recommended vegetables: beans, carrots, broccoli, asparagus, mushrooms, etc.

[A]
Sake	1 tbs (microwave 1 minute to evaporate alcohol)
Mirin	1 tbs
Sugar	1 tbs
Soy sauce	a few drops
Sesame (toast and finely crush)	2 tbs
Miso	1–2 tbs (depends on the saltiness)

1. Add some salt and spinach into boiling water, blanching them for 90 seconds.
2. Put them in cold water and squeeze out.
3. Cut into small (2–3 cm) sections.
4. Add the ingredients of [A] into a bowl and mix well.
5. Mix the vegetables and the sauce right before consuming.

▶▶レッスンポイント

和食において食感はとても大切な要素なので、野菜はゆですぎないことがポイント。また、水っぽくなるのを防ぐため、和え衣は食べる直前に合わせましょう。胡麻味噌は季節の野菜やボイルした鶏肉、シーフードとも相性抜群です。

日本の調理道具

すり鉢とすりこぎ

日本のすり鉢は外国のスパイスミルとは異なり、食材をなめらかにすりつぶせるのが特徴。そのデザインのユニークさから、おみやげとしても人気です。

英語ではこんなふうに…

Suribachi and surikogi refers to the Japanese mortar and pestle. Because of its unique design, it grinds foods much more gently compared to a spice mill.

照り焼きチキン   *Teriyaki chicken*

GLAZED GRILLED CHICKEN

　海外でもSUSHIにならぶ知名度があるTERIYAKIは、和食レッスンでも一番人気です。しかし「照り焼き」という言葉の意味するところは知られていません。照りは"glazed"、焼きは"cooked"あるいは"grilled"と伝えておくと、心なしか仕上がりも違ってくるようです。

　照り焼きの味の決め手はみりんです。最近は海外でも手に入りやすくなったとはいえ、みりんを初めて見る生徒も多いので、それが何からできていて、どのような働きをするのかを解説します（p.8参照）。ちなみに海外で市販されているほとんどのTERIYAKIソースにはみりんは使われておらず、本来の照り焼きの風味とは異なります。そんな背景もあってか、自分で作る「本場の味」にはいつも感嘆の声が上がります。

• 材料 (2人前)

鶏もも肉	2枚
片栗粉	大さじ1

[てりたれ]

酒	大さじ2
みりん	大さじ3
しょうゆ	大さじ2

＊上記をすべて混ぜ合わせる。

1. 鶏肉の厚みのある部分に切り目を入れて開き、全体が同じ厚さになるようにする。（観音開き）
2. 鶏肉に片栗粉をまぶす。
3. フライパンに油をひいて弱火で熱し、鶏肉の皮を下にして蒸すように3分焼く。
4. 皮に焼色がついたら、裏返して3分焼く。
5. 照りたれの調味料を回しかけながら焼く。たれに照りが出たらできあがり。

• **Ingredients** (serves 2)

Chicken boneless thigh	2 pieces
Potato starch	1 tbs

[Teriyaki sauce]

Sake	2 tbs
Mirin	3 tbs
Soy sauce	2 tbs

*Mix together in a bowl.

1. Cut the chicken with the butterfly cutting technique.
2. Coat the chicken with potato starch.
3. Put some oil in the pan and set to low heat. Grill the chicken skin side down for 3 minutes.
4. Turn it over and grill for another 3 minutes. Be careful not to burn it.
5. Pour the sauce over the chicken. Thicken the sauce until it has a nice and glazed texture.

▶▶レッスンポイント

❶ レッスンでは鶏もも肉を使いますが、欧米では胸肉が好まれるようです（胸肉のほうが高級とされていて、値段ももも肉の倍です）。また、皮を一緒に焼くことによってうま味が出ますが、皮の食感が苦手な方もいますので、その場合は最初から皮をとって調理してください。

❷ 照り焼きは、弱火で蒸すように火を通す (sizzling) のがポイントです。低温調理の原理で、肉がやわらかく仕上がります。レッスンでは"Tender heat makes tender chicken"と説明します。最後にたれを入れたら、少し強火にして、照りをしっかり出します。

❸ ぶりや鮭など、魚の照り焼きも人気があります。またベジタリアン向けには、木綿豆腐を使って同様に調理します。豆腐はペーパータオルで包み、重しをして30分、時間がなければ電子レンジで3分加熱して水分を抜きます。

> 英語では
> こんなふうに…

Teriyaki is one of the most popular Japanese dishes across the world. Many people know the word "teriyaki", but do not know what it means. "Teri" means glazed, and "yaki" means cooked or grilled. Mirin, Japanese seasoning takes an important key of the taste for teriyaki. You can buy a bottle of teriyaki sauce in most countries. However, most of these products are not used mirin, unlike the classic Japanese version. Japanese teriyaki sauce is very rich in flavor.

れんこんつくね

Renkon tsukune

RENKON AND CHICKEN PATTY

　日本の野菜の中でも、ごぼう、れんこん、ゆり根などは、欧米の方にはあまり馴染みがないようです。れんこんはハスの地下茎であることを説明すると驚く生徒さんがほとんど。また、日本ではれんこんの穴は「先が見通せる」縁起のよいものとされ、ハレの日の食材にも使われていることを伝えています。れんこんのユニークな形と食感を生かしたこの料理は、教室でも人気のメニューになっています。

> 英語では
> こんなふうに…

Renkon is a typical Asian vegetable. Westerners are often surprised that the lotus flower has edible parts. As you can look through the holes of renkon, the Japanese believe that it therefore symbolizes a bright future. Because of this, we often use it in celebratory dishes. This recipe using renkon is very popular within my lessons as it has a unique shape and crispy texture.

- **材料**（4人前）

れんこん（中サイズ）	2節

[つくね]

鶏挽肉	300 g
しその葉	6枚（みじん切り）
長ねぎ	1/2本（みじん切り）
酒	大さじ1
塩	小さじ1/2
おろししょうが	小さじ1
片栗粉	少々
大根おろし	お好みで
七味唐辛子	お好みで

[つくねソース]

酒	大さじ3
みりん	大さじ3
砂糖	大さじ1/2
醤油	大さじ3

1. つくねソースの材料をすべて調合しておく。
2. れんこんの皮をむき、5 mmの厚さに切ってすぐに酢水にさらす。
3. つくねの材料をボウルに入れ、粘りが出るまでよく混ぜる。
4. れんこんにつくねを貼り付け、片栗粉をはたいておく。
5. フライパンに油を入れ、つくねの面を下にして入れ、ふたをして約5分、中火で蒸し焼きにする。
6. 裏返し、れんこんの面を約4分蒸し焼きにする
7. つくねソースを入れ、スプーンでソースを上から回しかける。ソースにとろみがついたら火を止め、大根おろしを添えて盛る。

＊ れんこんつくねの大きさによっては半分に切る。

> ▶▶ **レッスンポイント**
>
> 切ったれんこんは酢水にさらして変色を防ぎます。すりおろすとでんぷんの作用でお餅のような食感になり、和菓子などにも使われていることを伝えます。

- **Ingredients** (serves 4)

Renkon (medium sized)	2

[Tsukune patty]

Minced chicken	300 g
Shiso leaves	6 (chop in small)
Spring onion	1/2 (chop in small)
Sake	1 tbs
Salt	1/2 tsp
Grated ginger	1 tsp
Potato starch to dust	
Grated daikon	optional
Shichimi chili powder	optional

[Tsukune Sauce]

Sake	3 tbs
Mirin	3 tbs
Sugar	1/2 tbs
Soy sauce	3 tbs

1. Mix all the sauce ingredients together in a cup.
2. Peel the skin off the renkon and cut it into 5 mm slices. Soak the slices in vinegar water.
3. Put all the ingredients for the tsukune patties in a bowl, and mix well until sticky.
4. Put the tsukune patties on the slices of renkon. Sprinkle some potato starch on them, and dust off any excess starch.
5. Put a tablespoon of vegetable oil into a pan, and grill (on medium heat) the renkon tsukune (tsukune side down) for 5 minutes with the lid on.
6. Turn and cook for another 4 minutes.
7. Pour all the sauce into the pan. After this, use the spoon to scoop up the excess sauce. Pour over the food again and again to caramelize. Stop when the sauce has thickened.

野菜の肉巻き *Yasai no niku-maki*

MEAT ROLLED VEGETABLES

　お弁当レッスンのおかずとしても人気のメニューです。定番の野菜は、切り口がきれいに見えるいんげんやにんじんですが、季節によってはえのき茸や長ねぎなども使います。甘辛いたれには、おろしたしょうがやにんにくを入れるなど、さまざまなアレンジができます。献立の彩りを大切にする和食の心が伝わるレシピです。

> 英語では
> こんなふうに…

"Niku" means meat and "maki" means to roll. Using thinly sliced meat, we roll up seasonal vegetables. The standard combination includes vegetables such as long beans and carrots. If you cut a cooked niku-maki in half, you will be able to see a colorful cross-section that looks very nice. Therefore, it is pleasing as a Bento box ingredient.

• 材料（2人前）

豚肉薄切り	12枚
いんげん	12本（半分に切る）
にんじん	1本
	（皮をむき、5mm角のスティックサイズ24本に切る）

[たれ]

酒	大さじ2
みりん	大さじ2
醤油	大さじ2

＊上記をすべて混ぜ合わせる。

1. いんげん、にんじんを各2本ずつ肉で巻いていく（写真）。
2. フライパンに油をひき、巻き終わりを下にして中火で焼く。ふたをして蒸し焼きにし、焼きムラが出ないよう途中で何度か転がす。
3. たれを回しかけ、よくからんだら火を止める。
4. 半分に切り、切り口を見せて盛りつける。

• **Ingredients** (serves 2)

Thinly sliced pork fillet	12 pieces
Long bean	12 (cut in half)
Carrot	1
	(cut in a 5 mm stick size and make into 24 sticks)

[Sauce]

Sake	2 tbs
Mirin	2 tbs
Soy sauce	2 tbs

*mix together in a bowl.

1. Roll up 2 sticks of each vegetable with the pork fillet and place them on a plate with the sealed side down.
2. Put some vegetable oil in a pan then cook the pork rolls (sealed side down) on medium heat. Cover and steam on a low heat. Turn the meat several times to cook it evenly.
3. After the pork is done, caramelize it with the sauce until the rolls become nice and shiny.
4. Cut in half then serve on a plate (cut-side up).

▶▶▶レッスンポイント

盛り付けは、野菜の色合いを美しく見せるように断面を上にするのがポイントです。生徒さんからは、薄切り肉が手に入らない場合はベーコンでもよいかという質問がよくあります。その場合は、塩気が強いのでたれを使わず、胡椒を少し振るだけでOKとアドバイスしています。

野菜の肉巻き

鶏の梅肉和え
Tori no bainiku-ae

CHICKEN DRESSED WITH PICKLED PLUMS

　古くから「医者いらず」とも言われる梅干しは、和食を代表する食材のひとつ。外国人にもよく知られており、その健康パワーにはとても関心があるのですが、梅干し単品で食べるのは少しハードルが高いようです。しっとりと仕上げた鶏肉やきゅうりと一緒に和えると食べやすくなり、サンドウィッチやサラダにも活用できるので喜ばれます。

> 英語では
> こんなふうに…

Umeboshi is one of the most popular preserved foods in Japan. Traditionally we dry and pickle them with salt. We often say that "one umeboshi a day, keeps the doctor away". Umeboshi is considered very good for our health. However, as it has a very salty and sour taste, it is not foreigner's favorite food. When umeboshi is combined with other ingredients, its sourness becomes milder and it becomes easier to enjoy. Here, I would like to introduce a chicken salad dish containing umeboshi.

• 材料（4人前）

鶏胸肉	200 g
酒	100 ml
砂糖	小さじ1
塩	小さじ2/3
お好みできゅうりや青じそ	適量

[梅肉ソース]

梅干し（やわらかく甘めのもの）　2個
＊種をのぞき、包丁でたたく。

酒	小さじ1
みりん	小さじ1
醤油	小さじ1
だし	大さじ1
胡麻油	小さじ1/2（お好みで）

1. 鶏肉を観音開きにして厚みを均一にし、フォークで穴をあける。
2. ビニール袋に鶏肉と砂糖、塩を入れてマリネする（約5分間）。
3. 熱する前のフライパンに鶏肉を皮を下にして入れ、酒を注ぐ。
4. 落としぶたをして、中火で7〜10分蒸し焼きにする。焼きすぎると肉が固くなるので注意。
5. 火を止め、ふたをしたまま10〜15分冷ます。
6. 手で鶏肉をさく。
7. 梅肉ソースの材料をすべてよく混ぜ合わせる。
8. 鶏肉と梅肉ソースを合わせて、好みで青じそやきゅうりを加える。きゅうりは薄切りを塩もみしてもよいし、一口大に切ってもよい。

• **Ingredients** (serves 4)

Chicken breast fillet	200 g
Sake	100 ml
Sugar	1 tsp
Salt	2/3 tsp
Cucumber and/or shiso leaf optional	

[Umeboshi sauce]

Umeboshi	2

*Remove the seeds and mince well with a knife.

Sake	1 tsp
Mirin	1 tsp
Soy sauce	1 tsp
Dashi	1 tbs
Sesame oil	1/2 tsp (optional)

1. Cut the chicken with the butterfly cutting technique. Use a fork to poke some holes in the chicken.
2. Put the chicken fillet in a plastic bag. Add sugar and salt and marinate for 5 minutes.
3. Put the chicken fillet skin side down in a pan and add the sake.
4. Cover the pan with its lid or some foil. Cook on middle heat for 7–10 minutes until the chicken is cooked. Do not overcook it as it will become dry.
5. Cool down the chicken for 10–15 minutes with the lid on the pan.
6. Separate and shred the meat with your hands.
7. Mix all the ingredients for the umeboshi sauce together.
8. Put the chicken and umeboshi sauce in a bowl. Toss well until the chicken has been dressed with the umeboshi sauce. Add shiso leaves or cucumber if you desire.

>> レッスンポイント

梅干しはおみやげとしても人気です。外国人は減塩タイプや甘みを加えたはちみつ梅を好みますが、このような調味梅干しは、昔ながらの（塩分の高い）梅干しほどには保存がきかないことを伝えます。最近は梅干しをさらに乾燥させた干し梅をはじめ、お菓子にも梅味のバリエーションが広がっており、これらもおみやげに最適です。

鶏の梅肉和え

しょうが焼き
Shogayaki

GINGER GRILLED PORK

　しょうが焼きは、高度経済成長期の大衆食堂で生まれた庶民的なメニュー。甘辛いたれは欧米人にもアジア人にも大好評です。しょうがは和食では定番のスパイス。調味料として使われるほか、豆腐や刺身の薬味としても欠かせないことを伝えます。付け合せには、とんかつ同様キャベツの千切りが定番ですが、海外では日本のようなやわらかいキャベツが少なく、生食の習慣がない国もありますので、臨機応変にレタスを使ってもよいでしょう。

> **英語では こんなふうに…**

Shogayaki became popular among the general public during the period of high economic growth in Japan. "Shoga" means ginger, which is commonly used in Japanese dishes. For example, it is used as a seasoning for Tofu and Sashimi. "Yaki" means grilled. Shogayaki is always served with shredded cabbage. As it is difficult to get Japanese cabbage overseas, the recommendation is to use lettuce instead.

• 材料 (2人前)
豚肩ロース (スライス) 200 g

たれ
[A]
酒	大さじ 2/3
醤油	大さじ 1/2
しょうが汁	大さじ 1/2

[B]
酒	大さじ 1
みりん	大さじ 2
砂糖	大さじ 1/2
醤油	大さじ 2
おろししょうが	小さじ 1

千切りキャベツ (またはレタス)

1. [A]と[B]をそれぞれ別の器に調合しておく。
2. ビニール袋に豚肉と[A]を入れ、10分間つける。
3. フライパンに油を熱し、中〜弱火で豚肉を両面焼く (強火は肉が固くなるので避ける)。
4. [B]のたれを回しかけ、豚肉のピンク色が消えたらすぐに火を止める。
5. 千切りキャベツとともに皿に盛る。

• **Ingredients** (serves 2)
Thinly sliced pork loin 200 g

Shogayaki sauce
[A]
Sake	2/3 tbs
Soy sauce	1/2 tbs
Grated ginger juice	1/2 tbs

[B]
Sake	1 tbs
Mirin	2 tbs
Sugar	1/2 tbs
Soy sauce	2 tbs
Grated ginger	1 tsp

Shredded cabbage or lettuce

1. Mix [A] and [B] separately and set aside.
2. Put meat into sauce [A] to marinate for 10 minutes in a plastic bag,
3. Add some oil and heat up in a pan. Sautée the pork well on both sides on medium-low heat.
   * Do not cook for too long on a high heat as the meat will get hard.
4. Add sauce [B] to a pan and cook until the meat is no longer pink.
5. Serve with shredded cabbage or lettuce.

▶▶ **レッスンポイント**

つけ込み用と仕上げ用のたれを2段階に分けるひと手間がポイントです。しっとりとやわらかく仕上げるために、豚肉のピンク色が消えたら (＝火が通ったら)、すぐに火からおろすように伝えます。

しょうが焼き

肉じゃが

Nikujaga

BRAISED MEAT AND POTATOES

　肉じゃがは日本の家庭料理の代表のような存在。おいしいだしを使えば、煮込むだけで上手に仕上がります。調味料は酒、砂糖、みりん、醤油の順に使うことがコツ（p. 11参照）。そして火を止め、素材が冷めるタイミングで味がしみ込むことを説明すると、みなさん、なるほどと納得してくれます。

英語では こんなふうに…

Nikujaga is a representative Japanese homemade dish. Using fresh dashi produces a richer flavor to the dish. The trick is to put seasonings in order (see p. 11), so that the flavor is enhanced. We say that nikujaga tastes best when the dish cool naturally after cooking. As the seasonings have been absorbed by the meat and vegetables, the dish will have more umami!

• 材料（2人前）

じゃがいも	1 1/2個
たまねぎ	1/2個
にんじん	1/2本
豚肉薄切り	100 g
だし	300 ml
酒	大さじ3
みりん	大さじ2
砂糖	大さじ2
醤油	大さじ3

1. じゃがいもとにんじんの皮をむき、一口大に切る。（じゃがいもは水にさらす）。たまねぎは薄切りにする。
2. 鍋にサラダ油を入れ、最初に肉を少し炒めてから、野菜を入れて2〜3分炒める。
3. だし、酒、みりんを入れて強火で数分煮てから砂糖を加え、さらに3分煮る。
4. 最後に醤油を入れ、落しぶたをして中火で約20分、だしが半量ほどになるまで煮る。

• Ingredients (serves 2)

Potatoes	1 1/2
Onion	1/2
Carrots	1/2
Thinly sliced pork fillet	100 g
Dashi	300 ml
Sake	3 tbs
Mirin	2 tbs
Sugar	2 tbs
Soy sauce	3 tbs

1. Peel the potatoes and soak them in water. Dice the carrots and slice the onions.
2. Put oil in a pan and stir fry the pork. Next add the vegetables and cook for 2-3 minutes on medium heat.
3. Add the dashi, sake and mirin. Cook for a few minutes to allow the alcohol to evaporate. Next add the sugar. Cook for 3 minutes on high heat so that the sweet flavors are absorbed into the ingredients.
4. Lastly, add the soy sauce. Cover the pan with a foil lid. Cook on middle heat for 20 minutes until around half of the dashi has evaporated.

▶▶レッスンポイント

❶ 野菜は同じ大きさに切ることで火の通りが均一になり、見た目も美しくなります。にんじんを型抜きしたり、さやえんどうを飾り切りにすると好評です。

❷ 肉じゃがの人気は高いですが、ジャガイモが甘く煮付けてあるということに抵抗を感じる外国人もいることも心にとどめておきましょう。

また、宗教上の理由などで豚肉が食べられない場合は、牛肉を使います。

日本の調理道具

落としぶた

和食で多く用いられ、鍋の中の材料に直接のせて使います。水分を逃がさずに味をまんべんなくしみ込ませ、煮くずれを防ぐという役目を担います。

英語ではこんなふうに…

Otoshibuta is a special lid which is placed directly on the food. This helps the sauce to dissolve into the ingredients with minimal evaporation. If you do not have one, you can use foil or baking paper as a substitute.

豆腐料理
TOFU RECIPES

　豆腐はベジタリアンにかぎらず、和食ファン一般に愛されている食材です。ところが外国で売られているものは何ヵ月も保存がきく、固い豆腐がほとんど。大都市以外では、フレッシュなおいしい豆腐にはなかなか出会うことができません。それゆえ、①来日した生徒さんは作りたての豆腐の新鮮さ、その種類の多さに驚くようです。昔の豆腐屋さんがラッパを吹きながら荷車を引き、作りたての豆腐を売り歩いていたというエピソードにも、とても興味を示します。

　②ベジタリアンやヴィーガンの方には、高タンパク低カロリーの豆腐のメニューはとくに喜ばれます。レッスンでは、木綿、絹、焼き豆腐、揚げ豆腐、おから、がんもどきなど、豆腐の豊かなバリエーションを、実物や写真を見せながら説明します。とくに和食レッスンでは、照り焼きや白和えで木綿豆腐を使った時には、味噌汁では絹豆腐を使うなど、豆腐の種類による違いを体感できるように工夫しています。

英語ではこんなふうに…

① Nowadays tofu has become a very popular and well-known food all over the world. Many foreigners are surprised to see how fresh tofu is in Japan. Although seldom seen today, in olden times tofu sellers would blow a wind instrument while selling fresh tofu on the street.

② Vegetarians and vegans also love tofu as it contains a lot of proteins and minerals in spite of its low calorie count. Tofu has a lot of varieties; the two most popular being momen-dofu (cotton tofu) and kinu-dofu (silk tofu). Momen-dofu has a rough texture while kinu-dofu is smooth. We can find many different tofus in supermarkets such as yaki-dofu (grilled tofu) and age-dofu (fried tofu) and many more!

揚げ出し豆腐 *Agedashi-dofu*
DEEP FRIED TOFU

　揚げ出し豆腐の成功のポイントは、豆腐の水分をよく切ることです。外国の方は水気の少ない豆腐に慣れています。ペーパータオルで包む方法と、時間短縮で電子レンジを使う方法の2つを伝えています。このレシピのもうひとつの主役は、おいしいだし。自分でとっただしをたっぷりと使った揚げ出し豆腐の美味しさに、毎回思わず笑みがこぼれます。

• 材料（2人前）

木綿豆腐	300 g
片栗粉	大さじ2

[薬味]
大根おろし、きざみねぎ、おろししょうが　少々

• **Ingredients** (serves 2)

Cotton tofu	300 g
Potato starch	2 tbs

[Condiments]
Grated daikon
Spring onion (chop thinly)
Grated ginger

[薄口だし]

だし	200 ml
みりん	大さじ 1 1/2
砂糖	大さじ 1/2
薄口醤油	大さじ 2 1/2

揚げ油

1. 豆腐をペーパータオルで包み、30分ほど皿の上に置き、水分を抜く。＊時間がないときは、豆腐をラップせずに電子レンジで5分加熱し、冷ます。(豆腐にすが入らないよう注意)
2. フライパンに薄口だしの材料をすべて入れ、煮立てる。
3. 豆腐を6等分し、再度ペーパータオルで水気をとる。
4. 揚げる直前に、豆腐に片栗粉をまぶす。
5. 170℃〜180℃で、こんがり色づくまで揚げる。
6. 揚げた豆腐を器に入れてだしを注ぎ、水気を絞った大根おろし、おろししょうが、きざみねぎをのせる。

[Dashi Sauce]

Dashi	200 ml
Mirin	1 1/2 tbs
Sugar	1/2 tbs
Usukuchi soy sauce	2 1/2 tbs

Oil for deep-frying

1. Drain the tofu and wrap it in paper towels. Leave it on a dish for 30 minutes to remove excess moisture. *If you don't have time, you can microwave it for 5 minutes to remove the moisture quickly, but don't heat it up too much as holes will form in the tofu.
2. Mix all the sauce ingredients together in a pan and bring it to a boil.
3. Cut the tofu into 6 pieces and dry the pieces with paper towels.
4. Coat the tofu with potato starch right before you fry them.
5. Heat the oil to 170℃–180℃ and fry them.
6. Place the fried tofu in a bowl and pour the hot dashi sauce over it. Garnish with grated daikon (squeeze out the moisture), chopped spring onion and ginger.

白和え *Shira-ae*

VEGETABLES WITH TOFU

精進料理の定番でもある白和え。昔ながらの献立ですが、濃厚でクリーミーな味が外国人にも人気です。ワインのおつまみにサーモンや生ハムと一緒に楽しんだり、クラッカーにのせたり、デザート感覚でアレンジする人も。豆腐の新しい世界が広がります。

• 材料（2人前）

[和え衣]

木綿豆腐	150 g
砂糖	小さじ 2
塩	少々
薄口醤油	小さじ 1/2
白味噌	小さじ 2
練り胡麻（白）	小さじ 2

[具材]

ほうれん草、にんじん、きのこなど	各 30 g
薄口だし（揚げ出し豆腐参照）	100 ml

＊ほうれん草は塩ゆでし、にんじん、きのこはそれぞれ薄口だしで煮る。

＊クラッカーにのせる場合（左写真）は、季節に応じていちじく、ぶどう、柿、干し柿などもおすすめ。とくにくるみは外国人に人気。

• Ingredients (serves 2)

Cotton tofu	150 g
Sugar	2 tsp
Salt	a pinch
Soy sauce (usukuchi)	1/2 tsp
White miso	2 tsp
White sesame paste	2 tsp

Spinach, Carrots, Mushrooms, etc.　30 g each
　　　　　　　　　　　　　　(cut into fine strips)
Dashi sauce (see Agedashi-dofu)　100 ml

＊Boil spinach in salt-water and cook carrots and mushrooms in dashi sauce.

＊Fresh figs, persimmon, walnuts are also recommended for canapés.

1. 豆腐をラップせずに電子レンジで5分加熱し、冷ます。
2. 豆腐の水分をペーパータオルでふきとる。
3. 和え衣のすべての材料をすり鉢、もしくはフードプロセッサーに入れ、ペースト状になるまで混ぜる。
4. 下ゆでした具材の汁気を切って和え衣とあわせ、ざっくりと混ぜる。(クラッカーにのせる場合は具は混ぜず、和え衣の上にのせる)

1. Microwave the tofu without a wrapper for 5 minutes, then cool it down.
2. Excess water from the tofu can be strained. Dry the tofu with a paper towel.
3. Put all the ingredients in the suribachi (Japanese mortar) or food processor and mix until it becomes a paste.
4. Strain the cooked vegetables. Put all the vegetables into the shira-ae paste.

ベジタリアン餃子
VEGETARIAN GYOZA

餃子は中国起源の料理ですが、日本のラーメンブームの影響か、餃子も日本料理だと思っている外国人が意外に多く、頻繁にリクエストがあります。ここではベジタリアンの方にも楽しんでもらえるように、あんに野菜と厚揚げ、味噌を使ったレシピを紹介します。

• 材料 (40〜50個分)

厚揚げ	100 g

＊木綿豆腐を使用する場合は、水気をペーパータオルなどで十分取り除く。時間がない場合は電子レンジで5分温めて水気を抜く。

キャベツ	1/4玉 (みじん切り)
にら	1束 (みじん切り)
長ねぎ	1/2本 (みじん切り)
おろししょうが	小さじ1
おろしにんにく	小さじ1
砂糖	小さじ1
味噌	大さじ1
塩・胡椒	少々
餃子の皮	40〜50枚
湯	100 ml

• Ingredients (for 40 to 50 gyoza pieces)

Atsu-age (fried tofu block)	100 g

*Cotton tofu can be used but dry it with paper towels or microwave it for 5 minutes to remove moisture.

Cabbage	1/4 (chop thinly)
Nira (chinese chives)	1 bunch (chop thinly)
Spring onion	1/2 (chop thinly)
Grated ginger	1 tsp
Grated garlic	1 tsp
Sugar	1 tsp
Miso	1 tbs
Salt & Pepper	a pinch
Gyoza wrapper	40–50 sheets
Boiling water	100 ml

1. すべての材料をボウルに入れ、粘りが出るまで、手でよくこねる。
2. 餃子の皮の中央に、1を大さじ半分ほどのせ、通常の肉餃子同様に包む。
3. 餃子をフライパンに並べて中火で焼く。焼き目がついたら、湯100 mlを加えて蒸し焼きにする。

1. Mix all the ingredients together in a bowl.
2. Put half a tablespoon of the mixture onto the middle of a gyoza wrapper. Dab a little water on the edge of one-half of the wrapper to make it sticky.
3. Gently fold the wrapper up. It should become crescent or semi-circle shaped.
4. Put the gyoza flat side down into a pan. When the bottoms of the gyoza turn gold and crispy, add half a cup of water into the pan. Cover the pan.
5. Braise the dumplings on medium heat until the water has evaporated completely.

豆腐料理

豆腐と野菜の甘酢あん
TOFU AND VEGETABLES IN SWEET AND SOUR SAUCE

　昆布茶を混ぜた甘酢あんを使ったこのレシピは、和食レッスンではベジタリアン向けの副菜として人気です。ベジタリアンでない場合は、厚揚げのほか、豚肉、牛肉、エビなどと一緒に炒めるのもおすすめです。

• 材料（2人前）

厚揚げ	150 g
野菜（ピーマン、赤ピーマン、もやし、なす、ゆでたけのこなど）	

[甘酢あん]

砂糖	大さじ4
酢	大さじ4
醤油	大さじ4
昆布茶	小さじ1/2～1
片栗粉	小さじ2
水	100 ml

1. 甘酢あんの材料をすべてまぜ合わせる。[A]
2. 厚揚げと野菜を油で炒めてから[A]を入れ、とろみが出たらできあがり。

• Ingredients (serves 2)

Atsu-age (fried tofu) 150 g
Vegetables (green pepper, red pepper, sprout, eggplant, boiled bamboo shoot, etc.)

[Sweet and sour sauce]

Sugar	4 tbs
Vinegar	4 tbs
Soy sauce	4 tbs
Kombucha powder	1/2 to 1 tsp
Potato Starch	2 tsp
Water	100 ml

1. Mix all ingredients of sauce. [A]
2. Fry the atsu-age and vegetables. Put [A] and stir until the sauce thickens.

コラム 大切な「食への安心感」

　海外のレストランを訪れると、ベジタリアン向けに別メニューが用意されているのをよく目にします。とくにマレーシアやシンガポールのように、さまざまな人種や文化が入り交じった国では、いくつもの食習慣にあわせ、数種類のメニューを用意しているレストランやホテルも珍しくありません。

　一方日本では、ベジタリアン、ヴィーガン、ハラール（イスラム教の戒律で認められた食物）、コーシャ（ユダヤ教の戒律で認められた食物）など外国の食習慣については、まだまだ広く理解されているとはいえないようです。私がレッスンを始めて間もないころ、あるアメリカ人の生徒さんが「日本は仏教国と聞いていたので、もっとベジタリアン食が進んでいると思っていたけれど、意外に見つけるのが大変ですね」と言っていたのが今でも印象に残っています。ベジタリアンメニューだからと安心して玉子焼きをオーダーすると、だし（かつお節でとったものはNG）が入っていたりするので、実際に使われているものをいちいち確認しなければならない、とこぼしていました。

　レッスンで心がけているのは、アレルギー、宗教、信条による食物制限の有無を予約の段階で必ず聞くようにしていることです。とくにアレルギーについては小麦、蕎麦、ナッツ、胡麻に至るまでさまざまで、対応のためにはメニューの変更や代替食材の準備も必要です。事前にしっかり把握しておけば、誤解や事故を防ぐことができ安心ですね。また、最近はグルテンフリーのリクエストが多くなっていますし、ヴィーガン食であれば、砂糖なども漂白されていないブラウンシュガーを使用するなど、こまやかな配慮が必要です。さらに、カップルでの参加で「パートナーはヴィーガンだけれど、自分は肉を食べたい」という生徒さんもいます。食材を共有することはできませんが、同じ空間で、それぞれの料理が作れるように準備をしてあげるととても喜ばれます。

　調味料の成分にも注意が必要です。たとえばハラール食の生徒さんが参加されるときは、必ずアルコール添加物の入っていない醤油や味噌（ハラール認証を受けたものであればさらに安心です）を使い、みりんもアルコール分を含まない「みりん風調味料」に切り替えます。これらは事前に生徒さんに確認し、安心してレッスンに臨んでもらえるように心がけています。

　一番大切なのは、食への安心感を守ることです。アレルギーは命に関わることですから当然ですが、信仰や信条も同じくらい重要なことと考え、できるだけ生徒さんのリクエストに沿うよう努めています。ここで安心して和食を楽しみ、自国へ帰ってもまた作りたい！また作れる！という気持ちにつなぐことができればうれしいですね。

鮭のゆず味噌焼き

Sake no yuzumisoyaki

YUZU MISO GRILLED SALMON

　ゆずは日本の冬を代表する柑橘類。海外でもブームになりつつあり、アメリカや東南アジアでは主として飲料に、ヨーロッパでは料理や菓子に使われています。日本では果汁はポン酢に、皮は薬味や料理の香りづけに、また器にと大活躍します。果汁も皮も活用するゆず味噌は多くの料理と相性がよく、とても重宝です。日々の献立を通して季節を楽しむ心を、外国の方たちにも伝えたいものです。

> 英語では
> こんなふうに…

　Yuzu, a citrus fruit native to Japan and Korea is often used in Japanese winter cuisine. We enjoy yuzu zest as a seasoning, and yuzu juice is an appreciated ingredient in ponzu dressing (a sauce made with dashi and soy sauce). Yuzu miso, which is made using both the zest and juice of the yuzu, is very valuable and matches well with almost any ingredients!

• 材料（2人前）

生鮭（または生たら）	2切れ
酒	少々
塩	少々
ゆず味噌	大さじ2
けしの実	少々
山椒の葉	お好みで

1. 鮭（またはたら）に軽く塩をふる。ビニール袋に入れ、酒を加えて臭みをとる。
2. オーブンかオーブントースターで8割ほど火を通し、いったん取り出す。
3. 鮭にゆず味噌を塗り、けしの実をちらして再び焼く。味噌に焼き目がついたら完成。

＊ ゆずが手に入りにくい時期には、胡麻味噌だれ（p.86）を使ったアレンジもおすすめ。
2の鮭に胡麻味噌大さじ1を塗り、パン粉大さじ1をふりかけて、こんがり色づくまで焼く。

[ゆず味噌]

ゆず	2個

＊ゆずが手に入りにくい時期には、ゆずパウダー小さじ1～2で代用可。

酒	大さじ2
みりん	大さじ2
砂糖	大さじ2
白味噌	200g

1. ゆずの皮をすりおろす（白い部分は苦みがでるので、黄色い部分のみ使用）。果汁はしぼり、別にとっておく。
2. 鍋に酒、みりん、砂糖、味噌を入れ、艶が出るまで混ぜながら弱火にかける。
3. ゆずの皮をおろしたものと果汁を2に加え、さらに火を通してから冷ます。
4. 完全に冷めたら、密閉容器に入れて保存。

• Ingredients (serves 2)

Fillet of salmon (or cod)	2
Sake	a bit
Salt	a bit
Yuzu miso	2 tbs
Keshinomi (poppy seed)	a pinch
Sansho leaf	optional

1. Sprinkle a bit of salt on the fish. Put some sake and the fillet in a plastic bag. Marinate for a few minutes.
2. Grill the fillet until it is medium well.
3. Put yuzu miso and some keshinomi on the fillet. Grill the fillet until it turns brown.

 * You can use sesame miso sauce if you do not have yuzu miso.
 Put the sesame miso sauce (2 tbs) and sprinkle the panko (2 tbs) on the fillet. Grill the fillet until the top of the sauce becomes nice and crispy.

[Yuzu miso]

Yuzu	2

*If you can not get fresh yuzu, you can use yuzu powder (1–2 tbs.).

Sake	2 tbs
Mirin	2 tbs
Sugar	2 tbs
Shiro-miso (white miso)	200 g

1. Grate some yuzu zest (as the white parts are bitter, use only the yellow parts) and set aside some yuzu juice.
2. Put the miso, sugar, mirin and sake together in a pot, and heat with low heat until it becomes smooth and shiny.
3. Add the yuzu zest and juice, and cook a little more.
4. Put the yuzu miso in a jar or a container to keep after it cools down.

▶▶ レッスンポイント

骨が少なく身ばなれがよい鮭やたらは、外国人に受け入れられやすい魚です。自国の料理でも使われ、なじみがあるのかもしれません。ちなみに、さばやあじなどの青魚は、小骨や臭いに慣れないせいか苦手な人が多いようです。

天ぷら
TEMPURA

　外国人にとって、やはり天ぷらは人気のメニューです。海外にもフリットやフィッシュ・アンド・チップスなどさまざまな揚げものがありますが、サクッとした軽い食感は日本の天ぷら独特のもの。薬味を加えた天つゆとの組み合わせの妙や、天丼や天ぷらうどんなど、バリエーションを楽しめるのも人気の秘密です。

> **英語ではこんなふうに…**

Tempura is a very popular and well-known Japanese dish. Many other countries have similar dishes, such as fritters or fish and chips. The unique feature of tempura is its light, crispy texture and dipping sauce based on soy sauce and dashi. Tempura is often garnished with grated daikon and ginger. We often arrange tempura into tendon (rice bowl with tempura on top) and tempura udon (udon with tempura on top).

• 材料（2人前）

[天ぷらだね]

海老	2本（筋切りをする）
なす	1/2本（末広切りに）(写真)
ピーマン	1個（縦に切り種をのぞく）
かぼちゃ	40 g（三日月形に切る）
しいたけ	2個（十文字の切り込みを入れる）(写真)

＊ほかにれんこん、さつまいも、にんじんなども
　おすすめ。

[天ぷら衣]

薄力粉	95 g
ベーキングパウダー	5 g

＊サクッとした衣にするため、粉類はあらかじめ
　冷蔵庫でよく冷やしておく。

卵黄	1個分
氷	1個
水	140 ml
酒	大さじ1

• Ingredients (serves 2)

[Tempura toppings]

Shrimp　　　　2
　(peel and make several shallow cuts)

Eggplant　　　1/2 piece
　(cut in suehiro style)

Green pepper　1 piece
　(remove the seeds and cut)

Pumpkin　　　40 g (half-moon cut)

Shiitake mushroom　2
　(remove the stems and cut crosses into the heads)

*Renkon, sweet potato, carrot are also recommended.

[Tempura batter]

Plain flour　　　95 g
　(put in a fridge for a few hours)

Baking powder　5 g
　(put in a fridge for a few hours)

Egg yolk　　　1
Ice cube　　　1
Water　　　　140 ml
Sake　　　　　1 tbs

▶▶レッスンポイント

自分のキッチンでもおいしい天ぷらが揚げられるように、具材の切り方など、下ごしらえについても丁寧に指導します。日本料理の飾り切りに関心のある生徒は多く、「末広なす」には喜んでトライしてくれます。

1. 冷やした粉類をふるいにかける。
2. 水、卵黄、酒、氷はボールの中でよく混ぜておき、1を入れたら菜箸4本でさっと混ぜる。決して混ぜすぎず、粉が残っているぐらいでOK。
3. 具材を2にくぐらせ、両面に衣をつける。
4. たっぷりの揚げ油（180℃）で、衣のふちがきつね色になるまで揚げる。

＊温度の目安は菜箸を入れ、小さな泡が出てきたらOK（写真）。

5. 野菜を先に、香りや味の淡白なものから揚げる。
6. 天かすが出たらその都度すくい、油をきれいな状態に保つ。

1. Mix flour and baking powder together and sift.
2. Put the water, ice cubes, egg yolk and sake all together in a bowl. Add the flour and mix 10 times with the 4 chopsticks (do not mix too much).
3. Put the ingredients into 2.
4. Heat the oil to 180°C. Deep fry the buttered ingredients until the edge of the ingredients turn gold.

* Put the cooking chopsticks into the oil. If bubbles jet out, the temperature of the oil is around 180°C.

5. Deep fry the vegetables or lighter flavored ingredients first, then proceed to the stronger flavored ones. By doing this the oil can be kept as fresh as possible.
6. Scoop out the Tempura bits before you fry other ingredients.

[天つゆ]

水	100 ml
みりん	50 ml
しょうゆ	50 ml
かつお削り節	5 g〜10 g

1. 材料をすべて鍋に入れて沸かし、ペーパータオルでこす。

[薬味]

大根、しょうがはすりおろし、水気を絞って盛り付ける。

＊素材の味をより楽しむために、抹茶塩もおすすめ。

[Tempura dipping sauce]

Water	100 ml
Mirin	50 ml
Soy sauce	50 ml
Katsuobushi (dried bonito flakes)	5 g–10 g

1. Boil all the ingredients and strain.

[Condiments]

Grated daikon (squeeze out the excess water and make a little mountain shape)

Grated ginger

*Salt with matcha (green tea) is also recommended.

▶▶ 盛り付けアドバイス

カラッとした天ぷらの食感を保つため、敷き紙を使います。薬味の大根おろしとしょうがは山型にして脇に添えます。天ぷら塩には抹茶やカレー粉を混ぜるのもおすすめ。生徒たちには、天ぷらを楽しむためのさまざまな工夫が興味深いようです。

日本の調理道具

おろし器

日本のおろし器は、金属製、プラスチック製、鮫皮のものなど、素材もさまざま。大根、しょうが、わさびなど、食材別にも豊富なバリエーションがあります。

> 英語では
> こんなふうに…

We have several types of **oroshi-ki** (graters) made of plastic, metal and even sharkskin. We use these graters according to ingredient type. For example, we would grate fresh wasabi with a sharkskin grater, and ginger with a metal grater.

菜箸

調理用の長い箸は、火の熱から手を守るためのものですが、外国人にとっては非常に珍しく映るようです。レッスンのおみやげにしても喜ばれます。

For those of you who do not use chopsticks daily, it may feel strange to use them while cooking. **Saibashi** chopsticks are made especially for cooking are a bit longer than the usual ones. This is in order that you will not burn yourself.

煮びたし　　*Nibitashi*

DASHI BLANCHED VEGETABLES

　煮びたしは日本の家庭では出番の多い献立のひとつですが、外国人にはあまり知られていないようです。レッスンで紹介すると、ヘルシーで作りおきができることもあり、ホームパーティが多い欧米の方たちからとくに喜ばれます。さっぱりした口当たりは、ボリュームのある主菜にそえる副菜としておすすめです。

英語ではこんなふうに…

Nibitashi is a very simple Japanese side dish, which can be made very quickly! The key point is to blanch the vegetables, as opposed to boiling them. This keeps the texture of the vegetables as crunchy as possible. Nibitashi is a nice, green and healthy dish which is great for home parties.

• 材料（4人前）

水菜または小松菜	200 g （洗って2～3 cmに切る）
油揚げ	1枚
しめじ	50 g（石突きを除いてほぐす）
しょうが汁	小さじ1（お好みで）

[煮びたしつゆ]

だし	400 ml
みりん	大さじ3
砂糖	大さじ2
塩	小さじ3/4
醤油	小さじ1

1. 油揚げは湯通しして油を抜き、小さく切る。
2. 鍋に煮びたしつゆの材料をすべて入れ、煮立てる。
3. 油揚げを入れ、ひと煮立ちさせたらしめじを入れ、さらにひと煮立ちさせる。
   最後に水菜を入れ、さっと火を通したらすぐに火を止める。
4. 好みでしょうが汁を少し入れ、室温に冷ます（冷めたあとは冷蔵庫で保存可）。

• **Ingredients** (serves 4)

Mizuna (Potherb mustard) or komatsuna (Japanese mustard spinach)	200 g (cut into 2–3 cm)
Abura-age (fried tofu)	1 sheet
Shimeji mushroom	50 g (remove the stem and separate)
Greated ginger juice	1 tsp

[Nibitashi sauce]

Dashi	400 ml
Mirin	3 tbs
Sugar	2 tbs
Salt	3/4 tsp
Soy sauce	1 tsp

1. Pour hot water over the abura-age to remove excess oil. Cut into small pieces.
2. Add the ingredients for the nibitashi sauce into a pan and bring it to a boil.
3. Boil the abura-age in a pan then add the shimeji mushrooms. Bring to a boil again. Add the mizuna and boil for a quick moment before stopping the heat. As we want a blanched texture, do not over-boil the sauce after adding the mizuna.
4. Add ginger juice if you wish. Cool the nibitashi to room temperature (keep in a fridge after it has cooled down).

> ▶▶ **レッスンポイント**
>
> 葉ものの野菜はさっと火を通すことで、時間が経っても鮮やかな色とフレッシュな食感を保つことができます。熱いうちではなく、冷めてだしの味がよくしみたものをいただきます。

煮びたし

とんかつ
Tonkatsu

PORK CUTLET

とんかつは外国人にも人気のメニュー。独特なとんかつソースの甘みも好まれますが、だしを使ったかつ丼やかつ煮にも多くのファンがいます。生パン粉の衣はさっくりと軽く、海外のものとは食感も異なるため、最近では"Bread crumbs"ではなく"Panko"ということばを生徒さんの口から聞くことも多くなりました。また、とんかつに付き物のキャベツの千切りも、外国人の目には新鮮に映るようです。

> **英語では こんなふうに…**
>
> "Ton" means pork, and "katsu" comes from "cutlet". It was developed at the end of 19th century after we officially opened our country to the world. We love to eat tonkatsu with shredded cabbage. We arrange tonkatsu into many dishes such as katsu-don (tonkatsu on rice) katsu curry (tonkatsu with curry rice), and katsu-sando (tonkatsu sandwiches).

• 材料 (2 人前)

豚ロース（2cm厚）	2枚
卵	1個
油	大さじ1/2
小麦粉	大さじ4
パン粉	2カップ
塩・胡椒	少々
千切りキャベツ（またはレタス）	
レモン	
とんかつソース	
和辛子（マスタード代用可）	

1. ロース肉を包丁の背やミートハンマーなどでたたき、平らに整形して塩胡椒する
2. といた卵にサラダ油を加え、よく混ぜておく。
3. 小麦粉、卵、パン粉の順に衣をつける。
4. たっぷりの揚げ油（160℃〜170℃）できつね色になるまで揚げる。
5. 包丁で食べやすい大きさに切り、キャベツの千切りを添える。

＊とんかつソースにすり胡麻を入れるのもおすすめ。

• **Ingredients** (serves 2)

Pork loins (2 cm thick)	2
Egg	1
Vegetable oil	1/2 tbs
Plain flour	4 tbs
Panko (Bread crumbs)	2 cups
Salt & Pepper	a little
Shredded cabbage or lettuce	
Lemon	
Tonkatsu sauce	
Japanese mustard	

1. Flatten the pork loin by using a knife or meat tenderizer, and put a little salt and pepper on the surface of the meat.
2. Beat the egg and add vegetable oil to it. Mix them well.
3. Coat the meat with flour, eggs and panko in this order.
4. Deep fry the tonkatsu (at 160℃–170℃) until the panko turns a nice yellow-brown.
5. Cut the fried tonkatsu into small pieces to serve. Garnish with shredded cabbage and sliced lemon.

* You may add ground sesame into the tonkatsu sauce as well.

▶▶レッスンポイント

❶ とんかつを切らずに盛り付けようとする生徒さんは意外に多いです。西洋では肉料理は食卓で切りながら食べるのが普通ですが、日本では箸で切れる柔らかさのもの以外は、あらかじめ切り分けるのが一般的であると説明します。

❷ キャベツの千切りはとんかつには欠かせない付け合せですが、海外では日本のようなやわらかいキャベツが少ないので、スライサーを使うと上手に千切りができることも伝えます。また、キャベツを生で食べる習慣のない国もあるため、レタスに切り替えてもOKです。

からあげ

Kara-age

JAPANESE FRIED CHICKEN

　お弁当や居酒屋メニューとして、外国人にも愛される日本のからあげ。各国にフライドチキンという名で似た料理はあるものの、からあげには醤油や酒といった、うま味を引き出す和の調味料を使うところにおいしさの秘密があるようです。生徒さんたちに大人気のこのレシピでは、すりおろしたりんごをたれに加えて甘みをつけ、肉をやわらかく仕上げています。

> **英語では こんなふうに…**
>
> Recipes for fried chicken can be found in many other countries, and each country uses its own unique ingredients to make it. The Japanese version of fried chicken is known as "kara-age". It is popular as an item in bento boxes, as well as on izakaya (tavern) menus. Typical Japanese seasoning such as sake and soy sauce are used to marinate the chicken meat, which are then deep-fried. My recipe will feature grated apples, which is a unique ingredient to use in kara-age.

• 材料（4人分）

鶏もも肉	500 g（一口大に切り、塩少々でもむ）
酒	大さじ1
塩	ひとつまみ
醤油	大さじ2
おろししょうが	小さじ2
おろしにんにく	小さじ2
おろしりんご	大さじ2
胡麻油	大さじ1/2
片栗粉	大さじ4〜5

1. ビニール袋に、片栗粉以外のすべての材料を入れてよくもみ、冷蔵庫に入れて2〜3時間ねかせる（時間がなくても最低30分は漬け込む。レッスンはまずこの仕込みから始める）。
2. 余分なたれを切り、片栗粉をまぶし、余分な粉をはらう。
3. たっぷりの揚げ油（180℃）で約5分ほど、こんがりと茶色になるまで揚げる。

＊お好みでレモンをしぼっていただく。

• **Ingredients** (serves 4)

Chicken thigh	500 g (cut into bite-sized pieces)

* Massage with a little salt to remove the smell of the meat and keep the umami.

Sake	1 tbs
Salt	a pinch
Soy sauce	2 tbs
Grated ginger	2 tsp
Grated garlic	2 tsp
Grated apple	2 tbs
Sesame oil	1/2 tbs
Potato starch	4–5 tbs

1. Put all the ingredients (except the starch) in a plastic bag, and gently massage the contents from the outside. Keep in the fridge for a few hours (if you are in hurry, at least 30 minutes).
2. Drain the excess marinade sauce from the chicken, and coat lightly with potato starch. Shake off any excess starch.
3. Deep fry the chicken at 180℃ for approximately 5 minutes until it turns a nice brown.

   * Serve with lemon to squeeze before consuming.

▶▶レッスンポイント

からあげの衣はあくまでもうま味を逃さないためなので、厚くつけすぎないこと。照り焼きチキン同様、鶏もも肉でなく胸肉でもよいかという質問には、もも肉のほうがジューシーですが胸肉でもOKと伝えます。アレンジメニューとしてからあげ丼や、甘酢あんで野菜炒めと一緒に楽しめるなど、バリエーションを紹介すると喜ばれます。

からあげ

味噌汁

Miso shiru

MISO SOUP

　日本人であれば毎日の献立に欠かせない味噌汁ですが、ほとんどの生徒は（インスタントではない）本物の味噌汁を味わったことがないため、そのおいしさに感動します。日本全国、地域によって味噌の種類もさまざまで、家庭によっても味の異なる味噌汁は、おふくろの味の代表格。レッスンではそんなエピソードを交えながら、だしの取り方を伝え、代表的な3種類の味噌（白・赤・信州）のテイスティングをしてもらいます。＊味噌についてはp.9参照。

> **英語では こんなふうに…**

Miso soup is a conventional Japanese dish, which most of you have probably tasted before! However, learning how to make proper dashi from scratch, and learning about different types of miso can be a very rewarding experience. In Japan, we say that each family cooks different tasting miso soups. For instance, if your family is from Nagoya city, your miso soup recipe may contain red miso (aka-miso). If your mother is originally from Kyoto city, her recipe may contain white miso (shiro-miso).

豆腐とわかめの味噌汁
TOFU & WAKAME MISO SOUP

• 材料（4人分）

だし	800 ml
味噌	大さじ4
乾燥わかめ	20 g（水にもどす）
豆腐（絹または木綿）	150 g（さいの目に切る）

＊手の上で切ってデモンストレーションすると盛り上がります。

1. 鍋にだしを沸かし、味噌をとき入れる。
2. 弱火にしてわかめと豆腐を入れて温める。

＊沸騰させると味噌の風味がとんでしまい、また豆腐にすが入るので注意。

• Ingredients (serves 4)

Dashi	800 ml
Miso	4 tbs
Dried wakame	20 g (soak in water)
Tofu (silk or cotton)	150 g (cut into dice)

1. Put dashi in a pot and bring it to a boil. Add the miso.
2. Warm on low heat. Add the wakame and tofu. Do not boil after adding the miso or tofu.

  * Boiling will spoil the flavor of the miso and open holes in the tofu.

きのこの味噌汁
MUSHROOM MISO SOUP

• 材料（4人分）

だし	800 ml
味噌	大さじ4
しめじ	50 g（石づきをとりほぐす）
しいたけ（中サイズ）	4個（石づきをとり薄切り）

1. 鍋にだしを沸かし、2種のきのこを入れて火を通す。
2. きのこ類に火が通ったら味噌をとき入れ、弱火で温める。沸騰させないよう注意。

• Ingredients (serves 4)

Dashi	800 ml
Miso	4 tbs
Shimeji mushroom	50 g
	(remove the stem and separate)
Shiitake mushroom (middle size)	4 pieces
	(remove the stem and slice thinly)

1. Put dashi in a pot and bring it to a boil. Add the mushrooms, continue to boil until they are cooked.
2. Add the miso and warm up the pot with low heat. Do not boil the soup after adding the miso.

▶▶レッスンポイント

味噌を入れたら絶対に沸騰させないのが鉄則。せっかくの風味が損なわれてしまいます。具材は先にだしで火を通しますが、豆腐はくずれやすいので味噌をといてから入れます。きのこの味噌汁は、海外でも材料が手に入りやすく人気ですが、なめこに限ってはぬめりを好まない人が多いようです。

▶▶食事の作法

器からじかに飲むことは、とくに欧米人にとっては不慣れなようです。お箸を使って具材を食べながら汁を飲む作法を伝えますが、実際にはうまく食べられずに具を残してしまう人も。レッスンではマグカップ型の器を使う、お椀にれんげを添えるなどの配慮をしています。

コラム
レッスンに使える、ちょっとしたフレーズ ❷

試食中に

Is everything OK?
(お食事は順調ですか)
　　＊食べ始めてから少し経って、足りないものなどを聞くときに

What was your favorite dish/topping?
(どのおかず/すしだねが好みでしたか)
　　＊この投げかけで、食卓の会話が弾みます。

お見送りのときに

Thank you so much for coming and taking my lesson.
(参加してくださり本当にありがとうございました)

Have a great holiday.
(すてきな休暇を)

Have a safe journey home.
(お気をつけてお帰りください)

If you have any questions, please email me anytime!
(ご質問があれば、いつでもメールしてください)

Have you got everything? / Nothing left behind you?
(忘れ物はありませんか)

最後に……

親切な生徒さんが、

"Shall I help you with the cleaning / washing up?"
(片付け/洗い物を手伝いましょうか?)

と声かけてくれることがよくあります。そんなときは、

"You are on holiday! Please enjoy your time discovering Japan."
(せっかくの休暇ですから、ご自身の時間をお楽しみください)

とお伝えしています。

弁当レッスン

弁当レッスン
BENTO LESSON

弁当は海外でも Bento として広く知られるようになりました。とくにフランスなどでは弁当箱専門店がオープンしたり、駅弁が売られはじめるなど、ひとつのブームとなっています。色とりどりの食材をヘルシーにバランスよく組み合わせた弁当は、外国人にとっても魅力ある日本料理です。

> 英語ではこんなふうに…

レッスンでは、①弁当が日本人にとっていかに身近なものであるかを生徒さんに伝えます。学校や職場で食べる毎日の弁当から、お花見や運動会など行楽の弁当まで、私たちの生活のさまざまなシーンで弁当が活躍していることを解説。

さらに、②昔ながらのおにぎり弁当やのり弁、最近人気のキャラ弁やジャー弁当など多彩なバリエーションを、写真を見せながら紹介しています。

① Bento has an important role in the daily lives of Japanese people. Lunch boxes are typically brought to schools and offices. However, they are also brought to special events such as cherry-blossom viewing parties or sports festivals, and even to hiking trips.

② You can see many kinds of bento in Japan. Popular bento include as onigiri-bento, nori-ben (seaweed lunch boxes) and sake-ben (salmon lunch boxes). Bentos sold at train stations are called eki-ben. Kyara-ben (character lunch boxes) are very popular among kindergarten kids. The latest bento fad involves a jar type thermos container.

▶▶ レッスンポイント

弁当には、食物をいたみにくくする工夫が満載です。白いごはんに梅干しをのせるのは腐敗を防ぐ知恵。よく冷ましてからふたをすることや、笹やしそなどを敷くと、色合いが華やかになるだけでなく殺菌効果もあることなども説明します。

▶▶ 盛り付けアドバイス

弁当を作る時には、和食の五色(白、黒、赤、黄、青/緑)の色合いと栄養バランスに心を配ります。タンパク質(魚・肉)、糖質(米)、ビタミン(野菜)などを効率よくとるためにも、見た目の美しさは重要なポイントです。

レッスンで人気の おかずのお弁当

照り焼きチキン、玉子焼き、
いんげんの胡麻味噌和え、
日の丸ごはん

和食 FAQ

Q. お弁当を作るために、日本のお母さんは何時に起きるの？
What time do Japanese mothers have to wake up to make such cute bentos for their familes?

A. 簡単なサンドイッチや果物を袋に詰めるランチボックスに慣れた欧米の人にとっては、弁当を朝作るということ自体が驚嘆の的。実際はすべてのおかずを新しく作るのでなく、前の晩のおかずや冷凍食品を上手に活用するなどの工夫をしていることを伝えます。主婦にかぎらず、最近では健康や節約のために自ら弁当を作る「弁当男子」が増えていることなど、弁当にまつわる話題は尽きません。

Japanese mothers do not cook all the food that goes into the bento in the morning. Sometimes they use the leftovers from the night before. Other times they use frozen foods. Recently, more young working men and students have begun to make their own bentos. They often do so to cut down on spending, or to help balance their diet.

おにぎり弁当
Onigiri bento

RICE BALL LUNCH BOX

　おにぎりは今も昔も日本のお弁当の主役です。外国人にとっては、きれいな三角形のおにぎりを作るのはなかなか難しいのですが、にぎりずしレッスン同様、使い捨ての調理用手袋を着けるのがコツです。おにぎりはコンビニなどで買うこともできますが、心のこもった手作りのおにぎりのおいしさは、日本人にとっても外国人にとっても格別です。彩りのよい野菜の肉巻き（p. 48参照）を添えて、お弁当作りにチャレンジしましょう。

> **英語では こんなふうに…**

Onigiri is a typical bento box item. You can purchase them at any convenient store, but hand-shaped freshly homemade onigiri is always nice and delicious. You can make a triangle or ball shape onigiri easily with using disposable gloves. Very simple！
　＊See p. 48 for meat rolled vegetables.

- 材料 (2個分)

ごはん	240 g
塩	小さじ1/3
のり (8切)	4枚
好みの具材	おかか、味噌、梅干しなど

1. 両手に少し水をつけて、塩をまんべんなくまぶす。
2. ごはん約120 gを手にのせ、中心をくぼませ、好みの具材を入れて包み込む。
3. 手で回しながら三角（または俵型）に形を整える。
4. のりを巻く。パリパリした食感が好みの場合は、食べる直前に巻く。
* ふりかけなどを混ぜたごはんで作るのもおすすめ。

- **Ingredients** (makes 2 rice balls)

Cooked rice	240 g
Salt	1/3 tsp
Nori (1/8 cut)	4

Filling: okaka (dried bonito flakes with soy sauce) or miso or umeboshi or salmon, etc.

1. Wet your palms with some water. Sprinkle salt onto your palm.
2. Put rice on your palm and make a hole in the middle of the rice. Put your favorite filling inside.
3. Shape the rice into triangles (or a ball).
4. Wrap the onigiri with nori. If you like crispy nori, wrap it right before serving.
   * The rice can be mixed with furikake (sprinkle seasoning for rice) before made into an onigiri.

▶▶ レッスンポイント

外国人は市販のおにぎりの種類の多さに驚くようです。のりのパリパリとした口当たりを楽しむタイプもあれば、のりの甘みを引き出すためにあえてしっとりとさせるタイプもあり、日本人の食感に対するこだわりについて話題が広がります。

おにぎり弁当

三色そぼろ弁当

Sanshoku soboro bento

TRI-COLORED MINCE BENTO

　菜の花、新緑、そして大地を思わせる三色の組み合わせが鮮やかなそぼろ弁当は、春先のレッスンにぴったりのメニューです。そぼろには醤油ではなく味噌を使ってコクを出し、少し濃いめの味つけを好む外国人向けにアレンジしています。お弁当だけでなく、和食レッスンではそぼろ丼として楽しむこともできます。

> **英語では こんなふうに…**
>
> The tri-colored soboro bento is visually appealing, and reminds us of the spring landscape in Japan. The scrambled egg may translate into a rape flower field, while slices of cucumber become fresh greenery. The brown soboro meat symbolizes the soft soil of the ground. In this recipe we will use miso instead of soy sauce. By using miso, the seasoning will be richer and have a kick of umami.

• 材料 (2人前)

[肉そぼろ]

豚もしくは鶏ひき肉	200 g
酒	大さじ1
水	大さじ1
砂糖	大さじ1/2
味噌	大さじ1

1. フライパンに、肉と分量の酒、水を入れ、菜箸で肉がほぐれるようによく混ぜる。
2. 中火にかけ、混ぜながら炒り煮する。肉に火を通ってきたら、砂糖、味噌の順に入れる。
3. 汁気がなくなるまで混ぜながら炒める。

[いり卵]

卵	2個
砂糖	小さじ1
塩	少々

1. ボウルにすべての材料を入れてよく混ぜる。
2. 小鍋に油をひいて中火で熱し、1を入れて菜箸で混ぜながら炒める。

[野菜]

きゅうり、ゆでいんげんなど (千切り)

• Ingredients (serves 2)

[Soboro]

Minced pork or chicken	200 g
Sake	1 tbs
Water	1 tbs
Sugar	1/2 tbs
Miso	1 tbs

1. Put minced meat, sake and water together in a pan. Mix well while crumbling the meat.
2. Cook on medium heat. After the color of meat has changed, add sugar first, then put miso.
3. Cook it until all the liquids have been absorbed into the meat.
   * It can be preserved in the freezer for a few weeks.

[Scrambled egg]

Egg	2
Sugar	1 tsp
Salt	a pinch

1. Mix all the ingredients in a bowl.
2. Transfer to a pan. Keep stirring while cooking on medium heat.

[Vegetables]

Cucumber or boiled pea (cut into fine strips)

>> レッスンポイント

その日に使う味噌を味見してもらい、味噌の種類や産地などについても説明するとレッスンの幅が広がります。(味噌の多様性：p. 10 参照)

三色そぼろ弁当

万能たれ2種（てりたれ&胡麻味噌だれ）
SPECIAL RECOMMENDED SAUCE RECIPES

　和食レッスンの「照り焼きチキン」(p. 44)と「胡麻味噌和え」(p. 42)のたれは、ちょっとした工夫で、さまざまな料理に応用することができ便利です。薬味を入れたり、ディップソースやドレッシングにしたり……。外国人の生徒さんたちにも「自分で作れるメニューが増える」と喜ばれます。

〈基本のてりたれ〉

酒	大さじ2
みりん	大さじ3
醤油	大さじ2

BASIC TERIYAKI SAUCE

Sake	2 tbs
Mirin	3 tbs
Soy sauce	2 tbs

〈基本の胡麻味噌だれ〉

酒	大さじ1
みりん	大さじ1
すりごま	大さじ2
砂糖	大さじ1
味噌	大さじ1〜2（味噌の塩分で調整）
醤油	数滴

BASIC SESAME MISO SAUCE

Sake	1 tbs (microwave 1 minute to evaporate alcohol)
Mirin	1 tbs
Sesame	2 tbs (toast and finely crush)
Sugar	1 tbs
Miso	1–2 tbs (depends on the saltiness)
Soy sauce	a few drops

★スタミナだれ

基本のてりたれ	全量
おろししょうが	小さじ1
おろしにんにく	小さじ1

＊ステーキやハンバーグにおすすめ。

★あっさりだれ

基本のてりたれ	全量
長ねぎ	小さじ2（みじん切り）
しそ	小さじ2（みじん切り）

★特製やきとりだれ

基本のてりたれ	2倍量
砂糖	大さじ1
りんご	1/4個（スライス）
しいたけの軸	2〜3本
にんにく	1片（スライス）
しょうがスライス	3枚

1. 基本のてりたれに砂糖を加えて煮立てる。
2. 沸騰したら残りの材料を入れ、すぐに火を止める。

★胡麻マヨだれ

基本の胡麻味噌だれ	大さじ4
マヨネーズ	大さじ4

＊スティック野菜のディップソースにおすすめ（写真）。

★胡麻味噌ビネガードレッシング

基本の胡麻味噌だれ	大さじ4
酢（白ワインビネガー、りんご酢なども可）	大さじ3
お好みで塩胡椒	

TERIYAKI GINGER & GARLIC

Basic teriyaki sauce	100 ml
Grated ginger	1 tsp
Grated garlic	1 tsp

*Recommended for steaks and hamburgers.

TERIYAKI ONION AND SHISO BASIL

Basic teriyaki sauce	100 ml
Chopped long onion (or spring onion)	2 tsp
Chopped shiso leaf	2 tsp

SPECIAL YAKITORI SAUCE

Basic Teriyaki sauce	200 ml
Sugar	1 tbs
Apple	2–3 slices
Shiitake mushroom stem	2–3 pieces
Garlic	1 clove slices
Ginger	3 slices

1. Put basic teriyaki sauce and sugar in a small pan, then bring it to a boil.
2. Add all the vegetables and stop the heat immediately. Soak for a few minutes to get the juices from the ingredients flowing.

SESAME MISO-MAYO DIPPING SAUCE

Basic sesame miso sauce	4 tbs
Japanese mayo	4 tbs

*Ideal recipe for vegetable stick dipping sauce.

SESAME MISO VINEGAR DRESSING

Basic sesame miso sauce	4 tbs
Rice vinegar (white wine vinegar/apple cider vinegar)	3 tbs
Salt and pepper	optional

コラム　心をつなぐ、小さなおみやげ

　レッスンの終わりに、生徒さんには小さなおみやげを渡しています。すしレッスンなら巻き簀、弁当レッスンなら小さなお弁当箱、和食レッスンなら菜箸などです。菜箸はわれわれにとっては日常的なキッチンアイテムですが、生徒さんの中にはお箸で調理をするのは初めてという方も多く、人気のおみやげとなっています。レッスンで使用したものにすると、生徒さんが自宅で料理を再現したい時にもすぐに使えるので実用的です。すしの巻き簀を持ち帰ったある生徒さんは、帰国後すぐにメールで「さっそく家族に作ったよ！」というメールを写真とともに送ってくれました。

　そのほかチューブ入りのわさび、七味唐辛子、のり、お箸、おすしのネタが漢字で入っている湯飲みなどが好評です。どれも100円ショップなどで購入できるような手ごろな品ですが、多くの生徒さんが「どこで買えるか聞こうと思っていたところ！」などうれしい言葉をかけてくれます。心ばかりでも、レッスンの最後に喜んでもらえる小さな工夫を加えると、さらに「楽しかった！」という気持ちでお帰りいただけるようです。

　事前に、あるいはレッスンの会話の中で、レッスンの日が生徒さんの誕生日やハネムーン中だと分かった時にも、サプライズとして夫婦箸や、お茶、のり、調味料など、食卓で使えるちょっとしたギフトをお渡しすることもあります。参加者みんなでお祝いの言葉をかけてあげるとアットホームな雰囲気が生まれ、レッスンがいっそう和やかに進みます。

　おみやげについて気をつけなければならない点は、国によっては木製品や食品など、持って帰ることができないアイテムもあるということです。その恐れがある場合は、いくつかのオプションから選んでもらうのもいいでしょう。

うどんレッスン

うどんレッスン
UDON LESSON

うどんは海外でも簡単に手に入る食材で作ることができるうえ、蕎麦のように熟練した技もいらず、手軽に楽しめる人気のレッスンです。生地を足で踏む伝統的な製法に生徒さんたちはとても驚きますが、外国人でも老若男女問わず、しっかりとしたコシのあるうどんを作ることができます。

　必ずと言っていいほど聞かれるのが「なぜ足で踏むのか？」です。足を使って作る食品は、うどん以外では伝統的製法のワインなどで、世界でも珍しいそうです。

　①かつて、うどんはハレの日の集まりに作られていました。大量の生地を一度に仕込むため足で踏むほうが効率がよかったのです。またその結果、蕎麦やパスタとは異なる強いコシが生まれました。

　②うどんは太さやコシの強さにさまざまな種類があり、だしの味も関東と関西では異なります。さぬきうどん、伊勢うどん、稲庭うどんなど、全国各地の特色あるうどんを紹介するとレッスンの話題が広がります。

英語ではこんなふうに…

① Udon used to be eaten on special occasions such as weddings, festivals or family gatherings. The udon dough is too hard to knead normally. Instead, a unique kneading technique involving stepping is used. By stepping on the udon dough, a nice and chewy texture can be produced.

② Udon has many varieties. For example, it can be strained, soft, fat or thin. Udon dashi also differs between Eastern and Western Japan. Famous regional specialties include Sanuki udon in Kagawa, Ise udon in Mie and Inaniwa udon in Akita, etc.

うどん生地を作る

• **材料** (1人前)

うどん粉（中力粉）	100 g
（または薄力粉50 g + 強力粉50 g）	
水	45 g 〜 50 g

＊水の分量は、季節や湿度に応じて講師が調整します。

塩	小さじ1

1. ボウルに粉をふるう。あらかじめ合わせておいた塩水を入れ、スプーンでよく混ぜる。
2. 直径2cmぐらいの塊がいくつかできてきたら、手で生地をまとめる
3. 清潔なビニール袋に生地を入れる（生地を中央に置き、袋の口は閉じないこと）。破れないように、ビニール袋は3枚重ねにするとよい。
4. 「5分踏む→袋から生地を取り出し、丸くまとめる」これを3セット行う。
5. 丸くまとめた生地にラップをかけ、冷暗所で30分ねかせる。

＊この間につゆを作り、具や薬味を準備する。

6. 生地を麺棒で四角くのばして厚さ5mmに整える。打ち粉をしたら折りたたみ、包丁で5mm幅に切る。ほぐして打ち粉を振る。あればパスタマシーンを使ってもよい。

Make udon dough

• **Ingredients** (serves 1)

Udon flour	100 g

*If you can't find this in your country, you can use 50% plain flour and 50% bread flour.

Water	45 g–50 g
(depends on the humidity and weather)	
Salt	1 tsp

1. In a bowl, sift the flour well. Add salt water and mix it well (for about 2 minutes).
2. When the flour begins to form pieces of dough (with an approximate diameter of 2 cm) stop mixing. Gather all the pieces of flour into a ball the size of your fist.
3. Put the dough into a plastic bag, and step on it for 5 minutes.
4. After 5 minutes of stepping, gather the udon dough into a ball again. Repeat steps 2–3 two more times.
5. Leave the udon with cling film for 30 minutes to rest (to moisturize the dough).
6. Spread the udon dough with a pasta machine (if you do not have one, you can use a rolling pin). Make sure the dough is of 5 mm thickness. Put uchiko*, fold and cut into noodles.

   * We do uchiko (sprinkle udon flour on the surface of the dough) to prevent it from being too sticky.

> ▶▶ **レッスンポイント**
>
> 生地を踏む作業はとても楽しく盛り上がりますが、踏みすぎて（時には踊りすぎて）袋に穴があくハプニングも。そこで3枚のビニール袋をかけるようにしています。

うどんレッスン

ゆでる

1. たっぷりの湯に麺を入れて菜箸で手早くかき混ぜ、麺同士のくっつきを取る。ゆで時間は約2分（食感を楽しむため、ゆですぎに注意すること）。
2. 麺が浮き上がってきたらざるに上げ、流水で洗ってぬめりをとり、麺を冷ます。温麺にする場合も必ず洗う。

Boil udon

1. Put the udon in a big pan with boiling water and boil for 2 minutes. Boiling time depends on how thick you like your udon.
2. Put the udon in a sifter and wash the udon well with water. Even when making hot udon, be sure to wash the udon.

▶▶ レッスンポイント

ゆでるときは全員一緒でなく、めいめいが一生懸命打った自分のうどんを味わえるよう、人数分の鍋を用意します。また、ベストな状態を味わってもらうため、早くできた人から順に食べてもらいます。マナーのよい人は全員のゆで上がりを待とうとするので、声をかけるようにしています。

めんつゆを作る

みりん	100 ml
醤油	100 ml
水	400 ml
昆布	4 cm x 4 cm
かつお削り節	10 g

1. みりんを沸かす。
2. 醤油、水、昆布を加えて煮立てる。
3. かつお削り節を加え、弱火にして2～3分煮立て、こし器でこす。

* 冷やしうどんのつゆの場合はこのまま冷まして使う。温かいうどんの場合は、水や湯を加えて好みの濃さに調整する。

〈顆粒だしを使って〉

顆粒だし	小さじ1
みりん	大さじ3
	（または酒大さじ1＋砂糖大さじ2）
醤油	大さじ3
水	200 ml

1. すべての材料を合わせて、ひと煮立ちさせればできあがり。

Make mentsuyu (seasoned dashi)

Mirin	100 ml
Soy sauce	100 ml
Water	400 ml
Kombu	4 cm x 4 cm
Katsuobushi (dried bonito flakes)	10 g

1. Bring the mirin to a boil in a pan.
2. Add the soy sauce, water, and kombu all together and bring it to a boil again.
3. Add katsuobushi and switch the heat to very low. Cook for 2-3 minutes. Drain the sauce with a strainer.

* If it is used as a dipping sauce, you can use it as it is. However, if it is for use in hot soup udon, please add some water to adjust for saltiness.

<If using instant powdered bonito stock>

Powdered bonito stock	1 tsp
Mirin	3 tbs
	(sugar 2 tbs and sake 1 tbs instead)
Soy sauce	3 tbs
Water	200 ml

1. Put all the ingredients into a pan and bring to a boil over high heat.

▶▶ レッスンポイント

レッスンでは、手作りのめんつゆと、顆粒だしを使った簡単なめんつゆの二通りの作り方を紹介しています。市販のめんつゆ（ベジリアン向けには昆布つゆ）はおみやげにも人気です。濃縮タイプが多いので、うすめて使うことを伝えます。

うどんレッスン

温かいうどん

HOT UDON

肉うどん

- **材料**：豚肉、かまぼこ、刻みねぎ、揚げ玉

  各適量

1. つゆの中に豚肉を入れ、弱火で煮る（沸騰した中に肉を入れると固くなるので、必ず弱火で）。
2. アクを取り除く。
3. 豚肉に火が通ったら取り出し、別の器にとっておく。
4. ゆでたうどんを器に盛ってめんつゆを注ぎ、すべての具材をのせる。

PORK UDON

- **Ingredients**: mentsuyu, pork, chopped spring onion, agedama (tempura bits)

1. Put the mentsuyu and pork meat in a pot, and cook it with low heat (do not boil the soup as the meat will become hard).
2. Scoop the scum out of the pot by using the ladle until it disappears.
3. When pork is cooked, take out all the pork from the pot and set it aside.
4. Put cooked udon in a bowl and pour the soup over the udon. Put on all the toppings to serve.

きざみきつねうどん

- **材料**：油揚げ、長ねぎ

1. 油揚げは湯通しして油を抜き、細く切る。
2. つゆの中に油揚げを入れ、さっと煮立てる（2〜3分）。
3. ゆでたうどんを器に盛ってめんつゆを注ぎ、具材を上に盛る。

KIZAMI-KITSUNE UDON

- **Ingredients**: mentsuyu, abura-age, chopped spring onion

1. Put a sheet of abura-age in a bowl. Pour boiling water onto the abura-age to remove excess oil. Remove the abura-age from the bowl and cut into thin slices.
2. Put the mentsuyu into a pot, and add the abura-age. Cook on medium heat for a few minutes.
3. Put cooked udon into a bowl. Pour the soup over the udon. Put all the toppings on to serve.

> ▶▶ **食事の作法**
>
> うどんは音を立ててすすってもOK。日本でも食事の時は音を立てないのが作法の基本ですが、麺類は例外であることを伝えます。習慣の違いから器に口をつけて食べるのをためらう人も多いので、あらかじめレンゲなどを用意するとよいでしょう。

> ▶▶ **レッスンポイント**
>
> レッスンでは、温かいうどんのつゆをほんの少ししか入れない人が続出します。パスタソース的な感覚なのかもしれません。日本ではうどんのつゆをスープのように飲み干す人もいることを伝え、たっぷりと注ぐようにすすめます。また、具材をきれいに盛りつけることも外国人には不慣れなので、アドバイスが必要です。

冷たいうどん

COLD UDON

ざるうどん

- **材料**：めんつゆ、きざみねぎ、胡麻、のり、わさびなど好みの薬味

1. ゆでたうどんを氷水で冷やす。
2. 水を切ったうどんをざるや皿に盛り、薬味を添える。つゆは別の器（そば猪口など）に用意する。

CHILLED UDON

- **Ingredients**: Mentsuyu, chopped spring onion, sesame, nori, wasabi, etc.

1. Put the cooked udon into ice water. Strain the udon.
2. Put the udon on a plate and garnish with toppings. Serve the mentsuyu in a cup.

サラダうどん

- **材料**：かにかま、錦糸玉子、トマト、きゅうり、レタスなどサラダ野菜、胡麻味噌ビネガードレッシング（p. 87参照）

1. ゆでたうどんを氷水でよく冷やす。
2. よく水を切ったうどんを器に盛り、具材を盛り付ける。
3. 冷やした胡麻味噌ビネガードレッシングをかける。

SALAD UDON

- **Ingredients**. Crab stick, kinshi tamago (thinly cooked egg omelet cut into fine strips), tomato, cucumber and lettuce, sesame miso vinegar dressing (see p. 87).

1. Put the cooked udon into ice water. Strain the udon.
2. Put the udon in a bowl and garnish with toppings.
3. Pour cold sesame miso vinegar dressing on top to serve.

外国人からよくある質問

きつねうどんは、なぜきつね？

きつね＝foxと説明すると、なぜ油揚げの入ったうどんが「きつね」と呼ばれるのか、生徒さんからよく質問を受けます。日本の伝説では、狐は稲荷神の使いで油揚げを好むといわれ、そのことから逆に油揚げが「きつね」や「いなり」と呼ばれるようになったと説明します。

> 英語ではこんなふうに…

In Japanese mythology, it is said that kitsune (foxes) are the messengers of Inari, a god of the harvests. Abura-age (fried tofu) is thought to be the foxes' favorite food. From this legend, we began to call udon with abura-age "kitsune", and sushi with sautéed abura-age "inari".

索　引
INDEX

あ
赤ピーマン	62
厚揚げ	60, 62
油揚げ	71, 95
一汁三菜	38
いんげん	43, 49
薄口醤油	9
薄口だし	58, 59
団扇	21
うどん粉	91
うま味	12
梅干し	50
海老	67
押しずし	17
おろし器	69
おろししょうが	47, 53, 60, 75, 87
おろしにんにく	60, 75, 87

か
片栗粉	47, 57, 62, 75
かつお節	12
かぼちゃ	67
顆粒だし	93
乾燥わかめ	77
観音開き	45, 51
キャベツの千切り	53, 73
餃子の皮	60
強力粉	91
錦糸玉子	97
けしの実	65
濃口醤油	9

麹	11
昆布茶	62
胡麻	43, 59, 97
小松菜	71
米酢	9, 19
昆布	12, 13, 14

さ
菜箸	69, 88
酒	8
さしすせそ	11
砂糖	8
さやえんどう	35, 55
山椒の葉	35, 65
しいたけ	67, 77, 87
塩	9
しその葉	47
七味唐辛子	47
しめじ	71, 77
じゃがいも	55
しゃもじ	21
しょうが汁	53, 71
上白糖	8
醤油	9
白味噌	10, 59, 65
信州味噌	10
酢	9
すし桶	21
すしだね	26
すし飯	18, 20
すりこぎ	43
すり胡麻	43
すり鉢	43

た
大根おろし	47
だし	12, 13, 14

玉子焼き器	41
たまねぎ	55
中力粉	91
豆腐	56, 57, 59, 77
鶏挽肉	47
鶏胸肉	51
鶏もも肉	45, 75
とんかつソース	73

な

長ねぎ	47, 60, 87, 95
なす	62, 67
熟鮨(なれずし)	16
にぎりずし	16, 22
肉そぼろ	85
にら	60
にんじん	35, 49, 55, 59
のり	29, 31, 32, 84, 97

は

薄力粉	67, 91
ばらちらし	34
パン粉	72, 73
ピーマン	62, 67
醤(ひしお)	10
豚肩ロース	53
豚肉薄切り	49, 55
ほうれん草	43, 59
干ししいたけ	14, 35
本醸造醤油	9
本みりん	8

ま

巻き簀(す)	29, 32, 33, 88
マヨネーズ	87
水菜	71
味噌	9, 10
みりん	8
めんつゆ	93, 95, 97
木綿豆腐	57, 59
もやし	62

や・ら・わ

ゆず	64
ゆず味噌	65
ゆでたけのこ	62
卵黄	67
料理酒	8
れんこん	46, 47
和辛子	73
わさび	33

【参考文献】

『江戸っ子は何を食べていたか』大久保洋子（青春出版社、2005）

『すしの事典』日比野光敏（東京堂出版、2001）

『日本料理の歴史』熊倉功夫（吉川弘文館、2007）

撮影	柳幸生
企画編集	類人猿舎
編集協力	佐久間ステファニー
撮影協力	金子海苔店
	ミツウロコ味噌
	諸星みどり（器提供：p.22, 30, 38, 39, 44, 58, 61, 72）
	輪島キリモト（器提供：p.38, 39, 76, 81, 96）
	輪島商工会議所
カバーデザイン	岩目地秀樹（コムデザイン）

英語でレッスン！
外国人に教える和食の基本

2016年12月23日　第1刷発行

著　者　　秋山　亜裕子
発行者　　浦　晋亮
発行所　　IBCパブリッシング株式会社
　　　　　〒162-0804
　　　　　東京都新宿区中里町29番3号
　　　　　菱秀神楽坂ビル9F
　　　　　TEL 03-3513-4511
　　　　　FAX 03-3513-4512
　　　　　www.ibcpub.co.jp

印刷所　　株式会社カシヨ

©Ayuko Akiyama 2016

落丁本・乱丁本は小社宛にお送りください。
送料小社負担にてお取り替えいたします。
本書の無断複写（コピー）は
著作権法上での例外を除き禁じられています。

ISBN 978-4-7946-0455-2
Printed in Japan